ROLF SONS

Erholung für müde Seelen

Wohltuendes in christlicher Weisheit entdecken

BRUNNEN
Verlag GmbH · Giessen

www.brunnen-verlag.de
Lektorat: Konstanze von der Pahlen
Umschlagfoto: Adobe Stock
Umschlaggestaltung: Jonathan Maul
Satz: Brunnen Verlag GmbH
Druck: CPI Books GmbH, Leck
Gedruckt in Deutschland
ISBN Buch 978-3-7655-4384-5
ISBN E-Book 978-3-7655-7687-4

Inhalt

Vorwort
Signale der Seele

Die Seele ist kein Organ wie andere Organe des menschlichen Körpers. Weder über ihre Lage noch über ihr Gewicht oder ihre Beschaffenheit lassen sich Aussagen treffen. Sie ist, wie der evangelische Theologe Manfred Seitz einmal treffend festgestellt hat, nicht zu sehen und nur schwer zu ergründen.

Doch auch wenn man sie nicht sehen kann, so äußert sich die Seele. Sie lässt sich hören und macht sich verständlich. Sie spricht ihre eigene Sprache und wir nehmen ihr Reden in den unterschiedlichsten Facetten wahr. So drückt sie sich aus in unseren Stimmungen und Gefühlen. Mitunter meldet sie sich in Form von körperlichen Befindlichkeiten. Sie artikuliert sich bei jedem Menschen auf etwas andere Weise. Dennoch sind ihre Signale kaum zu überhören.

Therapeuten und Seelsorger versuchen ihre Sprache zu verstehen und ihre Reaktionen zu erklären. Wir selbst machen die Erfahrung, wie verletzbar unsere Seele ist oder wie sie an manchem schwer trägt. Wir wissen um die Gefahr der seelischen Erschöpfung und haben vielleicht schon selbst eine seelische Krise durchgemacht. Und mancher fühlt sich gar seelisch am Ende.

Die Anforderungen an unsere Seele sind groß. Erlebtes will verarbeitet werden. Schweres will getragen und Bedrohliches will ausgehalten werden. Das Leben in Beziehungen kostet seelische Kraft. Wer berufsbedingt täglich mit Menschen zu tun hat, weiß, wie viel es an Energie kostet, sich auf sie einzulassen, mit ihnen zu reden, ihnen geduldig zuzuhören und sich mit ihnen auseinanderzusetzen. Mitarbeiter in vielen Sozialberufen können davon ein Lied singen. Nicht wenige unter ihnen sind seelisch erschöpft.

Was für den Beruf gilt, trifft selbstverständlich auch auf den privaten Bereich zu. Beziehungen sind nicht nur eine große Bereicherung und ein Segen für uns Menschen. Sie verlangen uns auch einiges ab. Die Erziehung der Kinder, das Kümmern um einen bedürftigen Angehörigen, die Pflege von Freundschaften und die Gestaltung eines guten Miteinanders in der Familie fordern einen hohen Aufwand an seelischer Energie. Kommen Krisen dazu, fühlt man sich selbst überfordert. Soziale und wirtschaftliche Nöte lassen unsere Seele nicht unberührt. Die großen Krisen unserer Zeit können unsere Seele wie Mehltau befallen.

Der französische Soziologe Alain Ehrenberg liefert in seinem zum Bestseller gewordenen Buch „Das erschöpfte Selbst" eine aufschlussreiche Zeitanalyse.[1] Dabei kommt er zu dem Ergebnis, dass der Mensch von einer ganz spezifischen Anstrengung müde geworden sei, nämlich von der Anstrengung, er selbst zu werden. Ehrenberg spielt dabei auf die Beobachtung an, dass der Mensch des 21. Jahrhunderts ständig über sich selbst hinausgehen müsse. Wie ein Unternehmer darauf angewiesen sei, immerfort Erfolge zu verbuchen, so stehe auch das menschliche Selbst unter dem Druck, sich erfolgreich zu präsentieren. Dazu müsse es sich immer neu selbst entwerfen, erfinden und über sich hinauswachsen. Dies aber führe zu einer seelischen Dauererschöpfung.

Ehrenbergs Analyse ist bedenkenswert. Unsere Seele oder sagen wir unser Selbst, unser Ich, scheint vermehrt unter Daueranspannung zu stehen. Wie aber kann sich die Seele erholen? Wie kann sie ein Ventil finden, um sich Luft zu verschaffen? Wie kann unsere Seele neue Energie tanken? Wie bleibt sie ausgeglichen? Die Fragen und Themen, die wir im Folgenden zu erörtern haben, liegen damit auf dem Tisch.

Dieses Buch reiht sich nur teilweise in die zahlreiche Ratgeberliteratur zur seelischen Gesundheit und Achtsamkeit ein. Es kann diese wohl ergänzen. Es geht aber auch über sie hinaus. Denn in erster Linie will das vorliegende Buch aus den Quellen der Bibel und des Glaubens schöpfen. Es will ein geistliches Buch sein. Es leitet die Überzeugung, dass ein ganzheitlicher Glaube, ein mit dem dreieinigen Gott geführtes Leben eine kraftvolle Ressource zur seelischen Gesundheit darstellt.

Wir haben uns deshalb auf Spurensuche im biblischen Buch der Psalmen begeben. Wir wollen sehen, was die „Schatzkammer Davids" zur Seelenpflege beitragen kann. Darüber hinaus tauchen wir in die Welt der frühen Wüstenväter ein. Diese wortkargen

Mönche hatten sich durch ihr Leben in Stille, Schriftstudium und Gebet einen reichen Erfahrungs- und Wissensschatz über die menschliche Seele erworben. Als „Seelenführer" sind diese geistlichen Männer und auch Frauen unzähligen zur Hilfe und zum Segen geworden – bis heute.

I. SEELENNOT

1. „Wie geht es eigentlich deiner Seele?"

Es ist eine kleine Frage und doch hat sie große Bedeutung: die Frage „Wie geht's?" oder noch persönlicher: „Wie geht's dir?" Wir benutzen diese Frage gerne als Gesprächseinstieg. Manchmal ist es nur eine Floskel, die im Grunde auf keine wirkliche Antwort aus ist. Fast wie ein Gruß, ist sie nicht mehr als ein freundliches Hallo. Hoffentlich nimmt der Angesprochene die Frage dann nicht allzu ernst. Man müsste ihm ja zuhören. Manchmal steckt hinter der Frage aber auch echtes Interesse. Dann signalisieren wir ihm, dass wir ihm jetzt Raum geben zu erzählen. Die Frage „Wie geht's?" kann daher auch ein Ausdruck von Wertschätzung sein.

Als Pfarrer stelle ich diese Frage häufig – wohl wissend, was ich damit auslösen kann. Die Antworten fallen allerdings unterschiedlich aus. Die einen geben ein kurz angebundenes „Gut" zurück oder auch ein „Ich kann nicht klagen". Schnell merke ich, dass mein Gegenüber jetzt keine große Lust hat, über sich zu reden.

Besonders knapp und bündig ist auch die folgende Antwort: „Muss!" Obschon sie nur aus einem Wort besteht, sagt sie eigentlich alles. Dabei kann der Grad der Entschlossenheit und Überzeugungskraft, mit der man diese Antwort gibt, sehr unterschiedlich sein. Auf jeden Fall will man damit zum Ausdruck bringen, dass es nichts zu reden oder zu diskutieren gibt. Man „muss" irgendwie mit den Dingen klarkommen. Hier im Schwabenland höre ich diese Antwort immer wieder. Doch sicher kennt man sie auch anderswo.

Eine andere Art des Umgangs mit der Frage nach dem Ergehen ist die Gegenfrage. Dann bekommt man ebenfalls keine Antwort. Vielmehr hört man wie aus der Pistole geschossen: „Und selber?" Auch damit zeigt der Angesprochene, dass er jetzt lieber in Ruhe gelassen werden will. Es gibt also viele Möglichkeiten, dieser Frage und ihrer Beantwortung auf höfliche Weise auszuweichen.

Ab und zu allerdings entwickelt sich aus der Frage auch ein Gespräch. Wenn die Angesprochenen spüren, dass sie jetzt Raum bekommen, und wenn sie dazu das Bedürfnis haben, etwas von sich preiszugeben, kann die Frage „Wie geht's?" ein echter Gesprächsöffner sein. Manche nutzen die Gelegenheit, sich mitzuteilen oder sich sogar etwas von der Seele zu reden.

Angenommen, jemand würde ihnen die Frage so stellen: „Wie geht es eigentlich deiner Seele?" Zugegeben: Die Frage klingt ungewöhnlich, befremdend und ziemlich pastoral. Würde ich meinen Kindern diese Frage stellen, würden sie vermutlich die Augenbrauen hochziehen oder sie mit einem Grinsen beantworten.

Es hat Gründe, dass wir uns nicht oder nur selten nach unserem seelischen Ergehen erkundigen. Die

Frage wirkt oft persönlich und zu intim. Höchstens einem Seelsorger gegenüber oder einer anderen vertrauten Person mag man sich mit dem, was einen im Inneren beschäftigt, öffnen. Außerdem scheuen wir uns als Fragesteller völlig zu Recht, in die Seele eines anderen einzudringen oder gar darin herumzubohren.

Trotzdem besitzt die Frage nach dem seelischen Ergehen ihr Recht und auch ihre Notwendigkeit. Denn die Seele will sich mitteilen. Ja, sie muss sich sogar äußern. Eine Seele, die sich nicht mehr äußern kann oder äußern darf, wird krank. Und wenn wir uns als Menschen, sei es im Beruf, im Freundeskreis, in der Nachbarschaft oder innerhalb der christlichen Gemeinde nicht mehr darauf ansprechen, wie es uns wirklich geht, werden unsere Beziehungen unpersönlicher und oberflächlicher. Sie werden verarmen.

Nun ist innerhalb der biblischen Schriften eine große Bandbreite an Aussagen über die Gemütslage der Seele zu finden. Mit einem knappen „gut" oder einem trotzigen „es muss" ist es da jedenfalls nicht getan. In der Bibel lesen wir: Die Seele kann sich freuen und kann jubeln. Sie kann ermattet sein oder Angst haben. Die Seele kann dürsten. Sie kann verzagen oder müde sein. Sie kann hassen oder bitter sein. Sie kann betrüben oder Todessehnsucht in sich spüren. Sie kann zerfließen, sich grämen oder sich erschrecken. Sie kann sich sorgen oder stille sein. Sie kann schlafen, wachen oder sich vor Verlangen verzehren. Die Seele kann beben oder erschüttert sein. Sie kann quicklebendig und satt sein. – Es gibt wohl keinen menschlichen Gemütszustand, der sich nicht in den biblischen Schriften findet. Nicht umsonst verstehen viele die Bibel als Seelsorge-Buch. Gott weiß um die unterschiedlichen Zustände der menschlichen Seele und kümmert sich darum.

Nun ist es das eine, wenn Menschen nach dem Ergehen unserer Seele fragen. Wie aber wäre es, wenn Gott Sie danach fragen würde? Wenn er sagen würde: „Wie geht's dir eigentlich?“ Gottes Frage wäre mehr als nur ein oberflächliches „Hallo!“ und mehr als nur ein netter Gesprächs-Opener.

In den Evangelien sehen wir, dass Jesus nicht im Allgemeinen und Unverbindlichen bleibt, sondern ziemlich konkret nachfragt. Eindrücklich ist die Erzählung von den Emmausjüngern. Nach dem Schock von Karfreitag verlassen zwei der Jünger Jerusalem und machen sich auf den Weg in das nahe gelegene Emmaus. Traurig und mit schweren Gedanken sind sie unterwegs. Jesus nähert sich ihnen und begleitet sie unerkannt auf ihrem Weg. Dabei fragt er nach und gibt ihnen damit Raum zum Erzählen. Sie sollen und dürfen sich äußern. Lange hört er zu. Erst am Ende des Weges vernehmen sie seinen Zuspruch.

Die Emmauserzählung ist eine Schlüsselgeschichte für die Seelsorge. Sie zeigt uns, dass der Herr sich für die Seelenlage der Seinen interessiert. Das Schöne ist, dass er sich Zeit nimmt, wirklich zuzuhören, dass er mitgeht und einen am Ende nicht ohne Zuspruch wieder entlässt. Nur wo die Seele Gelegenheit findet, sich echt und ehrlich zu äußern, kann sie auch Trost finden.

Viele Menschen haben niemanden, zu dem sie gehen können, dem sie von sich erzählen und ihre Seele öffnen können. Vielfach bleiben sie mit ihrer inneren Not allein. Was aber geschieht, wenn die Seele sich nicht mitteilen kann? Sie wird nicht nur einsam, sondern auch beziehungslos. Dies mag der Grund sein, weshalb so viele sich im Internet auf die Suche nach Trost und Beziehung machen.

Gott hat ein viel größeres Interesse an unserer Seele, als wir es gemeinhin ahnen. Mein Lehrer, der bereits erwähnte Theologe Manfred Seitz, hat einmal gesagt, dass Gott auch deshalb Mensch wurde, damit wir einen haben, zu dem wir immer gehen können. Gott ist uns in Jesus Freund, Bruder, Gefährte, Seelsorger und Hirte geworden. Er ist die eine wirklich hilfreiche Adresse für unsere Seele. Dies schließt das Gespräch mit Menschen, Seelsorgern und Freunden keinesfalls aus. Im Gegenteil. Und doch macht es einen Unterschied, wenn ich um Gott weiß, zu dem ich mit wirklich allem gehen kann. Auch mit dem, was ich keinem Menschen sagen möchte.

Wir werden sehen, wie radikal ehrlich die Beter der biblischen Psalmen vor Gott ihr Innerstes aussprechen. Angst und Wut, Schuld und Versagen, Traurigkeit und Ohnmacht werden schonungslos ausgesprochen. Gott hält unsere seelische Wirklichkeit, unsere Abgründe und Not aus. „Die Liebe erträgt alles, sie hofft alles und duldet alles" (1. Korinther 13,7). Vor Gott darf alles sein. Darf alles gesagt werden.

Wo wir in dieser Weise unsere Seele vor Gott öffnen und ihm erzählen, wie es uns geht, befinden wir uns bereits auf dem Weg zur inneren Gesundung. Ich erinnere mich an eine Seelsorgesituation, in der es einer Person gegeben war, ihre gesamte Seelenlage vor Gott zu bringen. Wir saßen zu dritt beieinander, eine Seelsorgerin, ich als Seelsorger und dazu die Rat suchende Person. Auf dem kleinen Tisch vor uns stand ein Kreuz. Die Ratsuchende wusste, dass sie vor dem Kreuz ehrlich werden durfte. Nun war nicht mehr interessant, dass wir als Seelsorger im Gespräch dabei waren und ihr Gebet mitanhörten. Sie öffnete sich in diesem Moment Jesus ganz bewusst. Sie saß allein vor ihm. Er allein war jetzt ihre Adresse.

Erstaunlich war, mit welchen Worten, Bildern und Empfindungen sie ihr Inneres zum Ausdruck bringen konnte. Die Seele besitzt eine eigene Sprache. Sie äußert sich auf verschiedenen Wegen und bedient sich dabei unterschiedlicher Mittel. Je differenzierter und anschaulicher dies geschieht, desto hilfreicher ist es. In diesem Fall konnte die Ratsuchende ihre innersten Empfindungen so präzise wiedergeben, dass wir nur noch staunten.

Gerade in unserer Zeit ist es wichtig, Gefühle und innerliche Befindlichkeiten in einem geschützten Raum äußern zu dürfen. Wo eine Seele sich öffnet, muss sie geschützt bleiben, und deshalb ist Jesus die beste Adresse.

2. Beziehungsnot

„Wie geht's unserer Seele?" Ich habe den Eindruck: Nicht gut! Zwar sind wir verglichen mit dem Weltmaßstab materiell noch relativ gut aufgestellt. Die Bildungsmöglichkeiten, die Besitztümer und die Lebenserwartung sind bei uns gestiegen. Noch haben wir Frieden in unserem Land. Noch floriert die Wirtschaft. Und doch hat sich ein Gefühl der Verunsicherung breitgemacht. Wir spüren den gesellschaftlichen Wandel. Die globalen Krisen lassen in uns das Gefühl hochkommen, dass nichts so bleiben wird, wie es einmal war. Wohlstandsverluste setzen Existenzängste frei. Krieg und Kriegsgefahr wirken bedrohlich. Die Stimmung im vereinten Hause Europas ist ungemütlich. Die Logo-Therapeutin Elisabeth Lukas bringt die Stimmungslage wie folgt auf den Punkt:

> *Die Corona-Pandemie hat die menschliche Gesellschaft vor unerwartete alarmierende Probleme gestellt. Allerdings ist ein weltweiter gemeinsamer Feind eine Novität. Früher gab es ein „wir" und die „anderen". Heute stehen eher „wir und die anderen" gefährlichen Bedrohungen gegenüber. Das „wir" schützt uns nicht mehr, und die „anderen" sind genauso arm dran wie wir. Das alles nährt allerorts ein beklemmendes Gefühl der Unsicherheit. Der Boden unter unseren Füßen scheint zu wanken. Gibt es irgendeinen Haltegriff fürs Gemüt?*[2]

Hatten wir in den vergangenen Jahrzehnten mit regionalen Krisen zu tun, die in aller Regel weit weg waren, so spüren wir derzeit die weltweite Vernetztheit der Krisen. Keiner kann mehr auf den anderen verweisen. Wir sitzen als Menschheit zusammen in einem Boot, das in stürmische See geraten ist. Elisabeth Lukas fragt völlig zu Recht nach einem „Haltegriff fürs Gemüt".

Es ist schon kurios. In einer sich immer stärker vernetzenden Welt leben wir immer mehr voneinander isoliert. Analoge Begegnungen werden seltener. Wir verbringen deutlich mehr Zeit am Bildschirm als im Gespräch oder im Zusammensein mit unseren Mitmenschen. Paare starren abends stundelang in das Fernsehprogramm, ohne ein Wort miteinander zu wechseln. Wir leben zu sehr auf uns selbst bezogen. Die Gefahr der Vereinsamung nimmt zu. Wir leben zwar in großen Häusern mit teuren Möbeln. Doch leben wir darin allein.

Die Pandemie liefert uns dazu das Anschauungsmaterial. Als das öffentliche Leben wochenlang heruntergefahren war, blieben die Menschen zu Hause und mussten feststellen, dass all die teuren Dinge, die sie sich angesammelt hatten, wenig nützten. Was ihnen blieb, waren das Fernsehgerät bzw. die digitalen Medien. So konnten sie wenigstens die Nachrichten verfolgen oder sich über Streaming-Angebote unterhalten lassen. Was in Notzeiten ein wahrer Segen war, konnte allerdings das Eine nicht ersetzen, das unverzichtbar zum Leben gehört: nämlich die Begegnung mit seinen Mitmenschen. Die digitale Kommunikation konnte diese Lücke nicht wirklich füllen. Elisabeth Lukas schreibt: „Je weniger ‚wirklich' der andere da ist, desto ‚wirklicher' fühlt sich die eigene Einsamkeit an."[3]

Die Journalistin Ursula Weidenfeld zitiert eine Studie, nach der sich zwischen 2000 und 2012 jeder fünfte Teenager einsam gefühlt habe. Im Zeitraum zwischen 2012 und 2018 habe sich der Prozentsatz verdoppelt. Infolge der Pandemie dürfte der Anteil inzwischen weit höher liegen. Die sogenannten „sozialen Medien" spielen dabei eine wichtige Rolle. „Ein Hauptproblem ist sicherlich, dass man im Grunde keine Alltagsgespräche mehr miteinander führt, dass sich Jugendliche in der Schule oder in der Mensa nicht mehr unterhalten, sondern jeder schaut auf sein Smartphone. Dass man morgens in der Bahn mit niemandem mehr redet."[4]

Das Gefühl der Einsamkeit kann selbst dann auftreten, wenn Jugendliche zu einem großen Freundeskreis gehören. Viel entscheidender ist, ob sie jemanden haben, dem sie sich anvertrauen und mit dem sie reden können. Smartphone und Social-Media-Kanäle können bestenfalls zusätzliche Möglichkeiten sein, um in Kontakt zu bleiben. Die unmittelbare Begegnung und das direkte Gespräch ersetzen sie nicht.

Nun macht Einsamkeit nicht automatisch krank. Doch das Risiko, seelisch zu erkranken, nimmt zu. Die Mainzer Psychologin Ana Tibubos hat den Zusammenhang zwischen Depressionen, Angst und Einsamkeit ausgewertet. In einer Studie wurden 15 000 Menschen aus der Rhein-Main-Region befragt und medizinisch untersucht.[5] Bei den Einsamen unter ihnen war die Neigung zu Angststörungen und zu Suizidgedanken signifikant erhöht. Mehr als die Hälfte derjenigen, die unter extremer Einsamkeit leiden, leidet auch unter Depressionen.

Ein großes Thema ist die Einsamkeit unter Senioren und Seniorinnen. Spätestens im Alter dünnen die mitmenschlichen Beziehungen aus. Wer aus dem Beruf ausscheidet, verliert die Kommunikation mit seinen Arbeitskollegen. Wer erwachsene Kinder hat, muss sie ziehen lassen. Wer verwitwet ist, muss mit dem Verlust klarkommen. Lässt die Gesundheit nach, verringert dies die eigene Mobilität zusätzlich.

Kommt nun eine Pandemie mit all ihren Begleiterscheinungen, dann trifft dies die Gruppe der Senioren mit besonderer Wucht. Sie kommen kaum mehr aus dem Haus. Weil sie als besonders gefährdete Personengruppe gelten, meiden sie soziale Kontakte. Der tägliche Einkauf wird von einem Einkaufsdienst übernommen. Den Gottesdienst verfolgen sie nur noch digital. Der Besuch von Kindern und Enkeln bleibt aus. „Auf sich zurückgeworfen haben sie das Rätsel zu lösen, wie sie sich in ihren vier Wänden unbeschadet bei Laune halten können."[6]

Seit den Anfängen der Menschheit kämpft Gott gegen die Einsamkeit des Menschen. Schon auf den ersten Seiten der Bibel hören wir, dass es nicht gut ist, dass der Mensch allein sei (1. Mose 2,18). Der Mensch braucht Ergänzung und Hilfe, Zwiesprache und Zweisamkeit, jemanden, der ihn versteht und mit ihm geht. Der Mensch ist von Natur aus ein geselliges Wesen. Fehlt der Mitmensch, so fehlt das Gegenüber, das ihn anspricht, beim Namen nennt, dessen Stimme er hört, dessen Körper er spürt, dessen Herz er fühlt.

Die Frage „Wer kennt mich?" ist daher überlebenswichtig. Wenn mich niemand mehr kennt und niemand mehr grüßt, wenn mir niemand mehr zulächelt, verkümmere ich innerlich. Wir brauchen es, dass man uns persönlich wahrnimmt, kennt und mit uns spricht.

Die digitale Kommunikation kann nicht ersetzen, wonach die Seele sich sehnt. Mir ist aus diesem Grunde auch unverständlich, warum die Kirchen immer mehr in der rein digitalen Kommunikation ihrer Gottesdienste ihr Glück suchen. Natürlich sind Streaming- und YouTube-Angebote in Notzeiten eine Alternative. Gerade für ältere Menschen waren und sind Streaming-Gottesdienste eine echte Brücke zur Gemeinde. Einen Ersatz zur reellen Begegnung können diese Gottesdienste nicht darstellen. Der Mensch ist auf reale und personale Gemeinschaft angelegt. Er will seinen Mitmenschen sehen, spüren und in echter und nicht nur digitaler Begegnung mit ihm Zeit verbringen.

Der Seelsorger Larry Crabb hat sich in einem seiner Bücher intensiv mit der Frage des „Connecting" auseinandergesetzt.[7] Wörtlich übersetzt heißt es so viel wie „verbunden" oder auch „verknüpft" sein. Crabb versteht darunter die Begegnung zwischen Menschen und was sich darin abspielt. Denn in jeder echten Begegnung geschieht etwas. Die Gesichter hellen sich auf. Freude entsteht und manchmal schlägt das Herz höher. Jede gute Begegnung lässt eine Art von Gemeinschaft entstehen und vermittelt das Gefühl: „Ich bin nicht allein, sondern Teil eines Ganzen, einer Gemeinschaft."

Crabb legt dar, wie solche Begegnungen Kraft vermitteln und die menschliche Seele gesunden lassen können. Aber auch auf das Gegenteil, den unheilvollen Mangel an Beziehung und Gemeinschaft, kommt er zu sprechen:

> *Hinter dem, was unsere Kultur als psychische Störung bezeichnet, verbirgt sich der Schrei nach etwas, was nur die Gemeinschaft geben kann. … Wir müssen mehr tun, als Experten heranziehen, die unsere psychischen Schäden heilen. Psychische Schäden sind nicht das Problem. Das eigentliche Problem ist unsere beziehungslose Seele.*[8]

Crabb trifft den Nagel auf den Kopf. Hinter vielen psychischen Nöten verbirgt sich schlicht und ergreifend eine akute Beziehungsnot. Was wir brauchen, sind freundschaftliche Gespräche, wo wir einander zuhören und miteinander reden, wo ich mich öffnen und ehrlich sein kann. Kein Bildschirm kann solche Begegnungen ersetzen.

Das Besondere an echten, zwischenmenschlichen Begegnungen ist, dass sie aus einem Geben und Nehmen bestehen. Man beschenkt einander mit guten Worten oder, wenn es sein muss, auch mit ehrlicher

Kritik. In jedem Fall aber geschieht ein gedanklicher und oft auch emotionaler Austausch, der uns als Menschen lebendig macht und weiterbringt. Wir leben auf.

Während des harten Lockdowns im Februar 2021 hatte ich mich morgens zwischen 10 und 11 Uhr auf den Weg ins Dorf gemacht. Dort traf ich die Menschen beim Bäcker oder auf dem Weg zur Apotheke. Viele kurze Begegnungen und Gespräche kamen zustande. Es tat einfach gut, einander zu sehen, zu grüßen, sich ein Lächeln und ein paar gute Worte zu schenken. Unser Informationsbedürfnis wird täglich überreich gestillt. Wie aber ist es mit dem Bedürfnis unserer Seele, die sich mitteilen und empfangen will?

In unserer Gemeinde hat sich eine Schar von Konfirmanden zu einer Jugendgruppe zusammengefunden. Allesamt sind sie Medienkids. Die sozialen Medien prägen ihren Alltag mehr als alles andere. Zufällig kam ich neulich an unserem Gemeindehausgarten vorbei, und was ich dort sah, versetzte mich ins Staunen. Diese Jungs saßen mit dem Leiter der Jugendgruppe zusammen, lachten und hatten jede Menge Spaß. Jungs, deren Eltern mir erzählten, dass sie zu Hause nur noch am Bildschirm sitzen, waren nun Teil einer Gruppe, in der sie sich offensichtlich wohlfühlten. In der Gruppe waren sie akzeptiert und erlebten sich selbst und die anderen Gruppenmitglieder nicht virtuell, sondern höchst real und lebendig. Miteinander und manchmal auch übereinander konnten sie lachen. Ich habe die Szene eine Zeit lang beobachtet und in meinem Herzen Gott für diese Jungs gedankt. Jungs und Mädchen brauchen (wie wir alle) Gemeinschaft mit anderen, um in ihrer Seele gesund zu bleiben.

Was uns zu seelischer Stabilität hilft, sind nicht die Dinge, die wir uns leisten können, sondern der zwischenmenschliche Austausch und die Begegnung. Einer, der dies vor allem in Krisenzeiten für sich und für andere erkannt hat, war Dietrich Bonhoeffer. Bonhoeffer scharte in den Jahren 1935 bis 1937 im Predigerseminar der Bekennenden Kirche in Finkenwalde eine junge Theologengruppe um sich. Mit ihnen wollte er gemeinsames Leben einüben. In Zeiten äußerer und innerer Anfechtung wollte er der allgemeinen Vereinzelung und Isolierung entgegenwirken. Ihm war klar, dass gerade in schweren Zeiten der Einzelne nur als Teil der Gruppe seelisch und auch geistlich überleben konnte.

Im gemeinsamen Beten, Studieren der Schrift, in Unterhaltungen über das Zeitgeschehen sowie Sport und Geselligkeit hatte Bonhoeffer ein Modell vorgegeben, das uns auch heute eine Hilfe sein könnte. In der zunehmenden Diaspora-Situation des Glaubens braucht es Gruppen, Hauskreise und Gemeinschaften, in denen wir als Menschen auftanken können.

Im Sommer 1938 verfasste Bonhoeffer innerhalb von vier Wochen sein berühmtes Buch „Gemeinsames Leben“. Einer der Spitzensätze dieser Schrift lautet: „Die leibliche Gegenwart anderer Christen ist dem Gläubigen eine Quelle unvergleichlicher Freude und Stärkung.“[9]

Die Gründung kleiner Gemeinschaften scheint mir das Gebot der Stunde zu sein. Den Kampf gegen die

Vereinsamung gilt es aufzunehmen. An dieser Stelle kommt den Kirchen und Gemeinden eine wichtige Aufgabe zu. Seinem Wesen nach besteht das Christentum in der Gemeinschaft. In einer Gesellschaft, die sich immer mehr polarisiert, auseinanderdriftet und in der sich der Einzelne immer stärker isoliert, bedarf es „kleiner Feuerherde“, an denen man sich wärmen kann. Die Begegnung in kleinen Gemeinschaften und Zellgruppen wird zur seelischen Überlebensfrage des Einzelnen und der Gesellschaft.

3. Die bedürftige Seele

Noch haben wir nicht geklärt, was wir eigentlich unter der menschlichen Seele verstehen. Im Allgemeinen bezeichnet man die Seele als das Innenleben eines Menschen. Darunter versteht man alles an Gefühlen und Gedanken, die sich im Inneren des Menschen abspielen. In diesem Sinne wäre die Seele gleichbedeutend mit der „Psyche", dem griechischen Wort für die Seele. Die gängige Ratgeberliteratur folgt diesem Verständnis weitestgehend und hilft so zu besserer Selbstwahrnehmung und Achtsamkeit.

Der Vorteil dieses allgemeinen Seelenbegriffs ist, dass er uns zu einem bewussteren Umgang mit dem eigenen Erleben, den eigenen Gefühlen und Gedanken sensibilisiert. Dies trägt dazu bei, dass wir besser mit uns selbst und anderen umgehen können. Es hilft uns auch, die eigenen Konflikte besser in den Blick zu nehmen und Strategien zu ihrer Lösung zu finden.

Eine andere Auffassung die Seele betreffend sieht in ihr den unvergänglichen Wesenskern. Die Seele wäre damit der Teil des Menschen, der nach dem Tod weiterlebt.

Nicht weit ist es von dort aus zum Gedanken der Seelenwanderung. Diese vor allem im Hinduismus verankerte Vorstellung geht davon aus, dass die Seele nach dem Tod sich in einem anderen Lebewesen einnistet. Auch im Westen verbreitete sich diese Vorstellung mehr und mehr, doch im Grunde ist es ein trauriger Gedanke. Denn wer will die Seele erlösen, die in einem nie endenden Kreislauf von Sterben und Wiedergeburt eingebunden ist? Hoffnung vermittelt dieser Gedanke jedenfalls nicht.

Weiter ist diese Lehre mit einer Abwertung des Leiblichen verbunden. Der Körper wird zu einer vorübergehenden Behausung für die Seele. In der Konsequenz dieser Lehre liegt, dass alles Leibliche überwunden werden muss. Die Frage allerdings, was die Seele ihrem Wesen nach ist, bleibt auch im Hinduismus unbeantwortet.

Befragen wir schließlich die Medizin. Schon im späten Mittelalter versuchte Leonardo da Vinci (1452–1519) die Seele einem bestimmten Körperorgan zuzuweisen. Mit der beginnenden Aufklärung allerdings war die Suche nach der Seele innerhalb des menschlichen Körpers nicht zu Ende. Der Philosoph René Descartes (1596–1650) hat die menschliche Seele als Vermittlungsglied zwischen Körper und Geist im Gehirn des Menschen verortet, genauer in der Zirbeldrüse (Epiphyse), einem Teil des Stammhirns. Leider hat bisher keine noch so gründliche Obduktion die Seele des Menschen entdecken können.

Auch die Philosophie tut sich mit der Frage nach der Seele schwer. Hat der Philosoph Plato die Seele als eine ewige Idee im Menschen beschrieben, die ihn nach dem Tode verlässt, um dann in die Welt der Ideen einzugehen, so hat sein Schüler Aristoteles die Seele sehr viel konkreter als „Lebenskraft“ oder auch als „Prinzip des Lebendigseins“ verstanden. Aristoteles hat wohl gesehen, dass alles Lebendige aus einer beseelenden Kraft lebt. Von da aus ist es nicht weit zu der Vorstellung eines Pantheismus, dem Glauben, dass Gott in allem Lebendigen zu finden ist.

Sowohl Religion als auch Medizin und Philosophie geben uns keine übereinstimmende Antwort auf unsere Frage nach der Seele. Die Verlegenheit bleibt also. Möglicherweise ist diese Verlegenheit auch der Grund, weshalb sich die Psychologie vom klassischen Seelenbegriff gelöst hat. Die moderne Psychologie versteht sich nicht als Wissenschaft von der menschlichen Seele, sondern als Naturwissenschaft, die auf validen Daten basiert und sich der Erforschung, Beschreibung und Prognostizierung menschlichen Verhaltens und Erlebens verschrieben hat.

Befragen wir nun auf unserer Suche nach einer verlässlichen Antwort die biblischen Schriften. 775-mal kommt im Alten Testament das Wort „nefesch" vor, und zwar dort, wo in der deutschen Übersetzung das Wort „Seele" steht. „Nefesch" aber ist im Alten Testament der zentrale Begriff, um den Menschen seinem Wesen nach zu beschreiben. Das andere alttestamentliche Wort „adam", das ebenfalls den Menschen bezeichnet, bedeutet wörtlich „Erdling" und steht für die Hinfälligkeit und Vergänglichkeit des Menschen. Der Mensch ist aus Erde geformt. Zur Erde soll er wieder werden.

Diese rein materialistische Betrachtungsweise reicht allerdings zur Beschreibung des Menschen nicht aus. In 1. Mose 2,7 lesen wir, wie der Mensch durch den von Gott eingehauchten Lebensodem zu einer „lebendigen Seele" wird. „Seele" lässt sich daher auch mit Vitalität, Lebendigkeit oder auch im

Sinne des Aristoteles als Lebenskraft verstehen. Allerdings wurde die „nefesch" immer auch als das menschliche „Selbst" oder als sein „Ich" verstanden. Das zeigt, wie schwer es fällt, die „nefesch" im Deutschen angemessen wiederzugeben.

Die Bibel selbst ist es nun, die uns in unserer Verlegenheit weiterhilft. Wenn die Bibel vom Menschen spricht, geschieht dies nicht abstrakt, sondern konkret und sehr anschaulich. Dabei nimmt sie Bezug auf die verschiedenen Körperteile und Körperorgane des Menschen, um sein Wesen oder seine Funktionen zu umschreiben.

So steht das Herz als Zentralorgan des Menschen für das Denken, Planen und Entscheiden des Menschen. Auch der Glaube ist im Herzen des Menschen angesiedelt. Augen und Ohren stehen für die Wahrnehmung Gottes. Sie sehen staunend Gottes Schönheit und hören seine leise Stimme. Die sensiblen Nieren fühlen Schmerz. In ihnen schlägt auch das Gewissen. Von Jesus heißt es einmal, dass es ihm an die Nieren geht, als er den von Gott entfremdeten Zustand der Menschen sieht (Matthäus 9,36).

Die „nefesch" schließlich, das mit Seele übersetzte Wort, steht für die Kehle, die Gurgel oder auch den Schlund des Menschen. Das ist also die biblische Antwort: Einmal ist die Seele an den Leib gebunden. Manfred Seitz sagt es so: „Seele ist nach biblischem Verständnis das an einen Körper gebundene Leben, das lebende Individuum als Vergängliches."[10] Anders als bei Platon oder auch im Hinduismus gehört die Leiblichkeit zum Wesen des Menschen. Auch nach der Auferstehung wird der Mensch nicht als rein immaterielle Seele existieren, sondern als ein leibhaftes Wesen. Der Alttestamentler Hans Walter Wolff sagt folgerichtig: „Der Mensch hat nicht eine ‚nefesch', sondern ist ‚nefesch', lebt als ‚nefesch'."[11]

Weiter kennzeichnet die Seele von ihrer Ursprungsbedeutung „Kehle" her den Menschen als ein bedürftiges Wesen. Das lässt tief blicken. Die Kehle, das Organ der Nahrungsaufnahme, steht für das Wesen des Menschen. Hans Walter Wolff drückt es so aus: „Kehle ist das Wort, das für den bedürftigen Menschen schlechthin steht."[12] Die Seele/Kehle des Menschen ist immer auf etwas aus. Sie trägt ein Verlangen in sich, das gestillt werden will. Sie sehnt sich nach Erfüllung, nach Trost und nach Heimat. Sie sehnt sich nach geistiger Nahrung und nach Freude, nach Schönem und nach Ewigem. Aber auch von Erfolg und Anerkennung kann die Seele niemals genug bekommen. Bleibt die Seele ungestillt, verkümmert sie. Wird ihr Verlangen übersteigert, wird es zur Gier und aus der Sehnsucht wird Sucht.

Eines aber kann die Seele auf Dauer nicht entbehren, nämlich den Mitmenschen. Die Sehnsucht nach Beziehung ist von Geburt an grundlegend für jeden Menschen. Und schließlich: Hinter allen Sehnsüchten und allem ungestillten Verlangen des Menschen verbirgt sich im Tiefsten und Letzten die Sehnsucht nach Gott. Ohne ihn bleibt seine letzte und tiefste Sehnsucht, sein Hunger nach Leben, ungestillt. Der Mensch ist seinem Wesen nach, seiner Seele gemäß, auf Gott hin angelegt.

Ein österreichischer Hausspruch bringt das Gemeinte so auf den Punkt:

> *Der Geist des Menschen wird nicht satt, von allem, was die Erde hat.*
> *Den Menschen sättigt nicht die Zeit. Ihn sättigt nur die Ewigkeit.*

Womit nur sättigen wir Menschen unsere Seele? Und womit haben wir irrtümlich versucht, sie zu sättigen? Jesus sagt einmal: „Was hilft es dem Menschen, die ganze Welt zu gewinnen und Schaden zu nehmen an seiner Seele?" (Markus 8,36). Aus welchen Quellen trinken wir? Aus welchen Töpfen nähren wir uns? Wir müssen es am Ende bitter bezahlen, wenn unsere Seele sich falsch ernährt hat. Denn Gott allein kann die Seele stillen. Jesus sagt von sich: „Ich bin das Brot des Lebens" (Johannes 6,35). Allein das Brot, das von oben, aus Gottes Ewigkeit kommt, vermag die hungrige Seele zu sättigen.

Das Unvergleichliche des biblischen Glaubens ist nun, dass Gott auf den Menschen zukommt und seine Sehnsucht stillt. Der lebendige Gott geht von Sehnsucht getrieben dem Menschen entgegen und kommt selbst zum Menschen. Er begibt sich nicht nur in die allgemeine Situation des Menschen. Vielmehr sucht er ihn in seiner Bedürftigkeit auf.

Wir denken dabei an das Gleichnis vom verlorenen Schaf. Der Hirte macht sich auf, geht und sucht das Verlorene, bis er es findet. In Jesus nimmt Gott sich der menschlichen Seele an. Er löst sie heraus aus ihren Verstrickungen. Er heilt ihre Verletzungen. Er führt sie heraus aus ihren Ängsten, umsorgt, trägt und liebt sie.

Dies muss uns gesagt und seelsorgerlich vermittelt werden, denn wir wissen es nicht: Unsere Seele braucht nicht mehr an Unterhaltung oder Abwechslung, nicht mehr an Macht oder Besitz, sondern den einen, der sie durch und durch liebt.

4. Leib und Seele

Die *nefesch* ist nach alttestamentlichem Verständnis niemals körperlos und rein geistig aufzufassen, sondern immer an den menschlichen Leib gebunden. Leib und Seele bilden eine untrennbare Einheit. Wenn wir körperlich geschwächt sind, liegt in der Regel auch unsere Seele darnieder. Wenn wir uns körperlich gesund, frisch und lebendig fühlen, geht es in der Regel auch unserer Seele gut. Die Seele *als das an den Leib gebundene Leben* lässt sich daher nicht vom Leib und von leibhaften Erfahrungen trennen.

Nun scheint es allerdings genau an dieser Stelle einige Probleme zu geben. Da ist einmal die Vernachlässigung des Leibes. Der Theologe Adolf Köberle hat sich dieser Problematik wie wenige andere in seiner Zunft angenommen und kommt zu folgender Aussage:

> *Der Mensch, der sich ewig müde, abgespannt und unfrisch fühlt, bekommt davon eine traurige Seele, und mit einem erschöpften Leib und einer betrübten Seele kann man nicht so für den andern da sein, wie man es selbst möchte und wie der andere braucht.*[13]

Die Vernachlässigung des Körpers etwa durch Überarbeitung, mangelnde Bewegung oder ungesunde Ernährung wirkt sich auf die Seele aus. Der müde Leib und die müde Seele sind aneinandergekoppelt.

Jede leibliche Betätigung bedeutet daher auch eine Stärkung und Förderung der Seele.

Nun kann allerdings nicht nur die Vernachlässigung des Leibes zum Problem werden, sondern auch dessen Überbewertung. Letzteres scheint nicht nur bei Jugendlichen immer mehr zum Problem zu werden. Unser Leib bzw. unser Körper bekommt heutzutage ein Maß an Aufmerksamkeit, das unverhältnismäßig ist.

Natürlich ist es nötig, sich gesund zu ernähren, Sport zu treiben und seinem Körper auch Ruhe zu gönnen. Was sich allerdings gegenwärtig zeigt, ist ein Kult um den eigenen Körper. Körperliche Schönheit wird nicht zur Marke, die sich gut verkaufen lässt, sondern auch zum Lebenssinn.

Dasselbe gilt für die sportliche Fitness. Das eigene Selbstwertgefühl hängt mehr und mehr an körperlichen Faktoren. Bin ich schön genug, schlank genug? Attraktiv genug? Ist mein Po zu groß oder zu klein? Über Glück und Unglück im Leben entscheiden die Body-Maße oder die Muskelpakete an den Oberarmen. Eine erbarmungslose Fitnessreligion hat sich etabliert, die über den eigenen Wert oder Unwert ihr Urteil spricht.

Der schwedische Journalist Magnus Malm hat in seinem Buch „Abschied von Babel. Wie heilsame Grenzen uns bewahren" eine scharfsichtige Beobachtung diesbezüglich gemacht. Er attestiert der gegenwärtigen Fitnesskultur ein im Grunde negatives Verhältnis zum Leib. Er kritisiert, dass der Bodybuilder ebenso wie der sich jede Kalorie abhungernde Magersüchtige am selben Problem leiden. Beide finden kein positives Verhältnis zu ihrem Leib. Malm bringt es dann wie folgt auf den Punkt:

> *Die Entfremdung von dem von Gott geschaffenen Leib kann ganz unterschiedliche Formen annehmen. Allen gemeinsam ist das Unvermögen, sich im eigenen Körper heimisch zu fühlen, ihn als Teil meines Ichs anzuerkennen – und der ständige Kampf darum, mich über meine Grenzen zum Ideal hin zu erheben, ob dieses nun das gertenschlanke Model oder der Muskelmacho ist.*[14]

Die offensichtliche Not dieser modernen Form der Leibfeindlichkeit reicht tief. Denn es geht hier nicht allein um die Frage, ob man sich selbst ein bisschen hübscher findet als andere oder nicht. Im Kern geht es um die Annahme der eigenen Identität. Man muss sich selbst mögen können. So, wie man ist. Wie aber kann derjenige, der sich nicht annehmen kann, zu gutem und gesundem Selbstwert und Lebensfreude finden? Wie kann ich für mein Leben dankbar sein, wenn ich mich selbst nicht leiden kann?

Nun hat das Thema Selbstwert gewiss viele Facetten und nicht nur die Annahme des eigenen Körpers spielt für ein gesundes Selbstwertgefühl eine Rolle. Und doch lässt es sich nicht leugnen. Unsere Identität ist immer leiblich definiert. Was mich einmalig und unverwechselbar macht, sind körperliche Merkmale wie mein Gesichtsausdruck, meine Hautfarbe, meine Statur, mein Fingerabdruck und meine Stimme. Die mir von Gott verliehene Identität ist nie ohne den Leib zu finden. Was wir daher brauchen, ist ein positives Verhältnis zum eigenen Körper. Nur so können wir auch ein Ja zu uns selbst finden.

Samuel Koch ist querschnittgelähmt. Bei einem Unfall in der ZDF-Sendung „Wetten, dass …?" brach er sich vier Halswirbel. Seither sitzt er im Rollstuhl und hat sich in den vergangenen Jahren mühsam ins Leben zurückgekämpft. Der ehemalige Sportler Koch weiß, welch wichtige Rolle der Körper für ein gesundes Lebensgefühl besitzt. Nach seinem Sturz allerdings steht er mit seinem Körper immer wieder auf Kriegsfuß. Mühsam muss er lernen, seinen Körper und damit sich selbst anzunehmen. In einem Interview mit dem *Schweizer Tagblatt* im Jahr 2019 sagte er die folgenden Worte:

> *Mein Körper funktioniert nicht so, wie ich will. Nach christlicher Tradition, dass man seine Feinde lieben soll, versuche ich, ihn so behutsam und so liebevoll zu behandeln, wie es geht. In täglichen Therapien und in jeder freien Minute zwischen meinen Theaterproben und Auftritten versuchen wir, meinen Körper geschmeidig und beweglich zu halten oder Krämpfe zu lösen.*[15]

Koch geht es bei der Körperpflege nicht nur um medizinische und therapeutische Aspekte. Die Annahme seines Körpers hängt vielmehr eng zusammen mit der Annahme seines eigenen Selbst, der eigenen

Person und des eigenen Schicksals. Wir sehen, wie dies eine lebenslange Aufgabe sein kann.

Wie untrennbar Leib und Seele miteinander verbunden sind, hat auch Martin Luther klar gesehen. Luther kommt aufgrund der Wahrnehmung seines Körpers zu einer dankbaren Wahrnehmung seiner selbst und des eigenen Lebens. In seiner Auslegung zum 1. Artikel des Glaubensbekenntnisses schreibt er:

> *Ich glaube, dass mich Gott geschaffen hat samt allen Kreaturen, mir Leib und Seele, Augen, Ohren und alle Glieder, Vernunft und alle Sinne gegeben hat und noch erhält; dazu Kleider und Schuh, Essen und Trinken, Haus und Hof, Weib und Kind, Acker, Vieh und alle Güter; mit allem, was Not tut für Leib und Leben, mich reichlich und täglich versorgt, in allen Gefahren beschirmt und vor allem Übel behütet und bewahrt; und das alles aus lauter väterlicher, göttlicher Güte und Barmherzigkeit, ohn all mein Verdienst und Würdigkeit: für all das ich ihm zu danken und zu loben und dafür zu dienen und gehorsam zu sein schuldig bin. Das ist gewisslich wahr.*

Wer glaubt, nimmt anders wahr. Leib und Leben sind Gottes Gaben, über die Luther nur staunen kann. Für jedes Körperteil ist er dankbar. Für alle sozialen Bezüge, in denen er sich wiederfindet, preist er seinen Schöpfer. Auch in der Bewahrung von Leib und Leben sieht er den Schöpfer am Werk. Luther weiß, dass ihm dies alles gratis, d. h. unverdient und geschenkweise, von Gott gegeben ist. So findet er zur Dankbarkeit für seinen Leib und dadurch letztlich auch zu einer dankbaren Beziehung zu sich selbst.

Für eine gesunde Beziehung zu sich selbst braucht es daher mehr als nur die schlanke oder muskelbepackte Figur. Es braucht vielmehr die Sicht des Glaubens, die mir hilft, meinen Körper und damit mich selbst als Gottesgabe annehmen und lieben zu lernen.

Wie können wir nun zu positiven Erfahrungen unseres Leibes kommen, der auch der Seele guttut? Gärtnern ist nicht jedermanns Sache. Gewiss. Trotzdem will ich an dieser Stelle ein Plädoyer für die Gartenarbeit einlegen. Im Magazin „Spektrum Psychologie" findet sich ein Artikel unter der Überschrift „Gärtnern für die Psyche".[16] Eine Gruppe von Wissenschaftlern befragte mehr als 4000 Menschen aus 46 Ländern zu ihrer Wohnsituation und dazu, wie sie die Monate März bis Juni 2020 erlebt hatten. In den meisten Ländern galten in dieser Zeit strenge Corona-Maßnahmen. Die Ergebnisse der Umfrage deuten darauf hin, dass sich die Menschen, die viele Pflanzen zu Hause hatten, zu Beginn der Pandemie weniger stark belastet fühlten als Personen mit wenigen bis gar keinen Zimmerpflanzen. Zudem gaben viele Befragte an, sich während des ersten Lockdowns mehr Grün in den eigenen vier Wänden gewünscht zu haben.

Man mag sich fragen: Tun Pflanzen tatsächlich der Seele gut? Die Antwort, die sich in dem Beitrag findet, ist eindeutig: „Zimmerpflanzen beeinflussen unser Wohlbefinden zum einen deshalb positiv, weil sie Orte attraktiver machen", erklärt die Umweltpsychologin Claudia Menzel. Räume, in denen sich Pflanzen befinden, werden als schöner und gemütlicher wahrgenommen. Außerdem geben Zimmerpflanzen die Gelegenheit, sich aktiv um ein anderes Wesen zu kümmern. Wer kennt nicht die Freude, wenn ein selbst eingepflanzter Setzling wächst, gedeiht und am Ende sogar Früchte trägt? Die Beschäftigung mit Pflanzen kann durchaus Erfolgserlebnisse vermitteln.

Wenn nun schon eine Zimmerpflanze das Wohlbefinden steigern kann, so gilt dies noch in viel größerem Maße für die Gartenarbeit. Studien belegen, dass Menschen, die gärtnern, zufriedener sind und auch in gesundheitlicher Hinsicht von der Gartenarbeit profitieren. „Selbst Symptome von Depression und Angststörungen nehmen durch das Gärtnern ab."[17]

Dass das Gärtnern therapeutische Wirkung hat, sollte uns aus christlicher Sicht nicht wundern. Mit einem Garten beginnt die Geschichte der Menschheit. „Und Gott der Herr ließ aufwachsen aus der Erde allerlei Bäume, verlockend anzusehen und gut zu essen" (1. Mose 2,9). Ein Garten kann auch heute ein Stück Paradies sein. Dort sind wir der Schöpfung und auch dem Schöpfer nahe und können Hand in Hand mit ihm werken und gestalten.

Es ist etwas anderes, ob ich in meinem Garten die Gestalt von Blumen wahrnehme, mich an ihren

Farben freue und ihren Duft rieche, als wenn ich stundenlang vor einem Bildschirm sitze. Und selbst anstrengende und schweißtreibende Gartenarbeit werden von Leib und Seele anders erlebt als eintöniges und emotionsloses Gewichtestemmen in einem Fitnessstudio.

Körperbetonte Arbeit ist heilsam und ein unverzichtbarer Ausgleich für Schreibtischmenschen. Wie gesagt: Dazu muss nun nicht jeder zum Hobbygärtner werden. Körperliche Betätigung allerdings - sei es im Garten oder im Wald, in der Bearbeitung von Holz oder dem Formen von Ton - fördert die Kreativität der Seele und führt uns in das unmittelbare Erleben von Gottes Schöpfung. Darüber hinaus schenkt sie Erfolg und ein hohes Maß an Befriedigung. Und genau das tut der Seele gut.

5. Die vierfache Entfremdung der Seele

Warum geht es unserer Seele nicht gut? Die Frage lässt sich psychologisch, soziologisch oder auch ökonomisch beantworten. Im ersten Fall ist es das verdrängte Unterbewusste (Sigmund Freud), das angeborene Minderwertigkeitsgefühl (Alfred Adler) oder auch unsere fehlgeleiteten gedanklichen Muster (Kognitionspsychologie), die unsere Seele krank machen. Soziologisch ist es, wie wir gezeigt haben, die Beziehungsnot, die die Seele verhungern lässt. Ökonomisch gesehen sind es Armut oder Arbeitslosigkeit, die Menschen nicht nur in äußere, sondern auch innere Nöte bringen.

Im Folgenden wollen wir die Frage nach der kranken Seele allerdings theologisch beantworten. Dazu gehen wir zurück zu den Anfängen. Gott hat den Menschen zu seinem Bild erschaffen: einzigartig, schön und vollkommen. Unter „Bild" verstehen wir dabei Repräsentanz. Der Mensch soll Gott in seiner Schöpfung repräsentieren und als sein Sachwalter Verantwortung übernehmen.

„Bild" bedeutet daher auch Würde und Ehre. Gott hat den Menschen mit „Herrlichkeit gekrönt" (Psalm 8,6). Der Mensch spiegelt Gottes eigenes Wesen wider. Denken wir dabei zuerst an seine Personalität. Wie Gott selbst Person ist, so ist auch der Mensch im Unterschied etwa zum Tier und allen anderen

Geschöpfen eine Person – und zwar eine von Anfang an vollkommen geliebte Person. Gott will am Menschen seine Freude haben und mit ihm kommunizieren. Umgekehrt soll der Mensch seine Freude an Gott haben und mit ihm im Gespräch sein. Sagen wir es mit dem Theologen Hans-Joachim Eckstein: „Du bist ein Wunsch, den Gott sich selbst erfüllt hat."[18] Gott, der als der Dreieine in sich selbst beziehungsreich besteht, erschafft sich ein menschliches Gegenüber, dem er sich mitteilen, den er lieben und für den er da sein will.

Nun bleibt es allerdings nicht dabei. Gott hat den Menschen nicht nur zu einer Beziehung zu sich selbst erschaffen. Er stellt ihn auch in eine Beziehung zum Mitmenschen. Dem ersten Mann Adam gibt er die Frau Eva an die Seite. Dem nachgeborenen Kain gibt er den Bruder Abel. Und so ist der Mensch kein auf sich selbst bezogenes Geschöpf. Vielmehr ist er von Anfang an neben dem „großen Du" Gottes auf das „kleine Du" des Mitmenschen bezogen und angewiesen. Gott will nicht, dass der Mensch allein sei. Er soll mit seinem Mitmenschen zusammen und in Frieden leben.

Eine weitere Ebene kommt nun ins Spiel. Der Mensch als geistiges und personales Wesen besitzt auch ein Verhältnis zu sich selbst. So kann er sich selbst reflektieren. Er nimmt sein Gewissen wahr. Er kann sich selbst und auch sein gutes oder schlechtes Handeln bewerten. Der Mensch ist also nicht nur hin zu Gott, hin zu seinem Nächsten, sondern auch hin zu sich selbst, dem „Ich", erschaffen.

Der katholische Religionsphilosoph Romano Guardini hat einmal gesagt, dass dem Menschen als einzigem unter allen Geschöpfen die Aufgabe gestellt ist, sich selbst anzunehmen. Die Annahme seiner selbst wird damit zu einer grundlegenden und unverzichtbaren Lebensaufgabe. Diese gelingt manchmal besser und manchmal weniger gut. An der Tatsache aber ändert sich dadurch nichts: Der Mensch muss sich mit sich selbst auseinandersetzen und lernen, sich mehr und mehr anzunehmen.

Eine vierte Beziehungsebene darf nicht übersehen werden, nämlich die Beziehung zur Umwelt. Gott hat den Menschen in einen Garten gestellt, in dem er leben darf, der zu seiner Versorgung dient und den er bebauen und bewahren soll. Die Schöpfung wird ihm zur Gabe und zur Aufgabe. Die reichlich ausgestattete Schöpfung zeigt dem Menschen etwas von der Großzügigkeit und Fürsorglichkeit Gottes. Jesus weist seine mit Sorgen beladenen Jünger darauf hin, dass jede Blume und jeder kleine Vogel unter dem Himmel Gottes Fürsorge repräsentiert. Neben dem großen Du, dem kleinen Du und dem Ich ist der Mensch also in eine Beziehung zum „Es“, der Schöpfung, der Umwelt, den materiellen Dingen hineingestellt.

Die vierfache Bezogenheit der menschlichen Seele

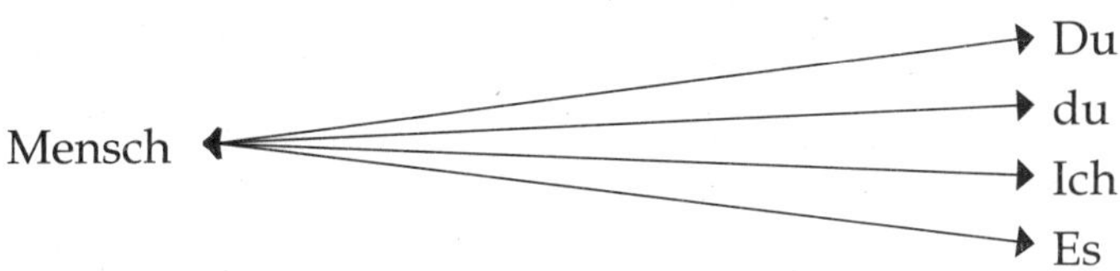

Nun die Tragik. In allen vier Bereichen hat eine Entfremdung stattgefunden. Das bedeutet, dass der Mensch die ursprünglich guten und heilvollen Beziehungen verloren hat. Gott ist ihm fremd geworden. Sei es, dass er sich nun vor ihm fürchtet. Bestes Beispiel hierfür sind Adam und Eva, die sich nach dem Genuss der verbotenen Frucht vor Gott verstecken. Gott, der den Menschen als Erfüllung seiner Beziehungssehnsucht erschaffen hat, wird für den Menschen zum angstmachenden Richter, zum bedrohlichen Schicksal oder zu einem Fremden, den er nicht mehr kennt.

Statt auf die gute Stimme seines Schöpfers zu hören, die ihm sagt: „Ich bin da. Fürchte dich nicht“, hörte der Mensch auf die Schlange und auf die Furcht einflößende Stimme des Bösen in der Welt. Die Welt wird ihm zu klein. Sie wird eng und er beginnt sich zu fürchten.

Auch die mitmenschliche Ebene gerät in den Sog der Entfremdung. Der Mitmensch, von Gott als Ergänzung und Hilfe gegeben, wird zum Feind. Hochmut und Neid vergiften die Beziehung. Bestes Beispiel hierfür ist der Brudermord Kains an Abel. Was sich hier „prototypisch“ ereignet, wiederholt sich täglich. Beziehungen gehen zu Bruch oder sind vergiftet. Der Mensch isoliert sich von seinem Mitmenschen. Es kommt zu Missverständnissen, Verletzungen und Trennungen. Auf Dauer aber lässt es sich nicht in unheilvollen Verhältnissen leben. Die Seele wird krank und oft braucht es lange, bis sie sich das eingesteht.

Wie sieht es nun mit der Beziehung des Menschen zu sich selbst, also auf der dritten Beziehungsebene, aus? Im Anschluss an den Kirchenvater Augustinus spricht Martin Luther vom „in sich selbst gekrümmten Herzen“ des Menschen *(cor in se ipsum incurvatus)*. Die Bildsprache Luthers bringt es auf den Punkt: Die menschliche Seele ist nicht mehr geöffnet für Gott und seine Mitmenschen, sondern auf sich selbst zurückbezogen. Verliert er Gott und seinen Mitmenschen, so dreht er sich um sich selbst. Dazu geschaffen, Gott und den Nächsten zu lieben, wird er zum selbstverliebten Narzissten. So fragt er sich, ob er schön genug, erfolgreich oder gebildet genug sei. Der so in sich selbst gefangene Mensch aber verliert seine Freiheit. Fortan steht er unter dem Zwang, seinen Einfluss zu sichern, sein Ansehen zu vergrößern, sich selbst zu behaupten.

Wie kaum ein anderer hat Martin Luther diese Zusammenhänge durchschaut. Er, der biografisch sehr unter sich selbst gelitten hat, wusste, wie schwer es ist, dem eigenen Ich, seinen Ansprüchen, Forderungen und Drohungen zu entkommen. Luther sah sich als ein Gefangener seiner selbst.

Er machte schließlich die Erfahrung, dass er nicht durch eigene Anstrengung, gute Werke oder persönliche Erfolge seinem eigenen Ich entkommen kann, sondern nur durch die Kraft des Evangeliums. Das Evangelium setzte ihn aus dem selbst gemachten Gefängnis frei und löste die Bande. Luder, wie der Reformator mit seinem ursprünglichen Namen hieß, nannte sich hinfort „Luther“. Damit erinnerte er an das griechische Worte „eleutheros“, was so viel wie „frei“ bedeutet. Aus dem Luder wurde der freie Mann Luther.

Nur das Evangelium kann die menschliche Seele letztlich freisetzen. Diese Freiheit zu entdecken und ihr im eigenen Leben immer mehr Rechte zu verleihen, ist eine spannende und niemals endende Lebensaufgabe. Immer will das Evangelium zur Entfaltung des Lebens, niemals zur Unterdrückung oder Einschränkung des Lebens beitragen. Das Evangelium will Leben wecken.

Die Tatsache, dass unser Herz verkrümmt ist, schlummert zumindest als latente Ahnung in uns. Anders lassen sich die zahllosen Versuche, dem eigenen Ich zu entkommen, kaum erklären. Ich denke dabei auch an die vielen, die sich in ihrem eigenen Körper nicht mehr zu Hause fühlen. Die einen sind todunglücklich, weil die Nase zu groß, die Lippen zu schmal oder die Brust zu klein ist. Andere können ihr eigenes Geschlecht nicht annehmen und sehnen sich danach, jemand anderes zu sein. Beide Gruppen sehnen sich danach, sich selbst zu entkommen. Leiden und Schmerzen, die damit einhergehen, lassen sich kaum erahnen.

Und doch kommen wir an der ganz schlichten Wahrheit, die auch für Luther leitend war, nicht vorbei. Es ist die Wahrheit, dass wir uns selbst überallhin mitnehmen. So können wir unser Gesicht zwar einer Schönheitsoperation unterziehen, und doch bleiben wir am Ende wir selbst. Da mag sich einer von innerer Not getrieben auf den schweren Weg einer

Geschlechtsumwandlung machen, und doch bleibt der bedürftige Teil seiner Seele zurück. Die Seele, unser Innerstes, wird durch äußere Maßnahmen, so einschneidend sie auch sein mögen, nicht wirklich frei.

Luther sagt dasselbe in seiner berühmten Schrift „Von der Freiheit eines Christenmenschen“:

> *So ist es offenbar, dass kein äußerliches Ding ihn (den Menschen) frei noch gerecht machen kann, wie es auch immer genannt werden mag. Denn seine Gerechtigkeit und Freiheit wie auch seine Bosheit und seine Gefangenschaft sind weder leiblich noch äußerlich. Was hilft es der Seele, dass der Leib ungefangen, frisch und gesund ist, isst, trinkt und lebt, wie er will?*[19]

Damit der Mensch zu echter Freiheit findet, muss das in sich verschlossene Herz zuerst geöffnet werden. Nur so kann es die Liebe, nach der es sich im Tiefsten und Letzten sehnt und die ihm seit Adams Fall verloren gegangen ist, neu empfangen. Wo die Gottesliebe durch Christus in das menschliche Herz kommt, beginnt dieses, sich zu öffnen. Es lernt mehr und mehr, sich auch mit allen Fehlern und Makeln anzunehmen. Damit aber wird es frei – nicht zuletzt zu dankbarem Dienst für Gott und seinen Nächsten.

Die vierte und letzte Ebene der Entfremdung betrifft die den Menschen umgebende Schöpfung. Die Tatsache, dass das Verhältnis des Menschen zur Schöpfung gestört ist, steht uns angesichts von Umweltverschmutzung und Klimawandel vor Augen.

Die gute Schöpfung, die dem Menschen zur Ernährung, Versorgung, Arbeit und zur Erholung gegeben ist, macht ihm Angst. Ihre ursprüngliche Schönheit ist vielfach entstellt. Und so leidet die Seele nicht nur an sich selbst, nicht nur an schwierig gewordenen Beziehungen, nicht nur am Verlust eines Gottes, der sich um sie sorgt, sondern auch an dieser Welt, die ihm immer weniger eine sichere Heimat bietet. Oder um es mit den Worten der Klimaaktivistin Katharina Pfeiffer zu sagen: Die Situation unserer Schöpfung „jagt uns eine Heidenangst ein".[20]

Jede Entfremdung ist krisenhaft und unsere Seele scheint sich in einer Dauerkrise zu befinden. Sie leidet, ist verunsichert und fühlt sich ungeborgen. Wie aber kann die so vollständig entfremdete Seele ein Zuhause finden? Wie kann sie zurückfinden zum Leben, zu sich selbst, zu Gott und seiner Schöpfung?

II. MIT DEN PSALMEN DIE SEELE PFLEGEN

1. Die Psalmen als Spiegel der Seele

Wir sind es gewohnt, am Morgen, beim Außer-Haus-Gehen, vor der Arbeit oder auch sonst in den Spiegel zu schauen. Mit kritischem Blick prüfen wir uns selbst. Sitzt die Frisur? Passt die Krawatte? Ist farblich alles gut abgestimmt? Der Spiegel lässt uns vieles über unser Äußeres wissen.

Wie es in Wirklichkeit um uns bestellt ist, verrät uns der morgendliche Blick in die Glasplatte allerdings nicht. Hierzu bedarf es einer tieferen Wahrnehmung. Wie eine solche vertiefte Wahrnehmung geschehen kann, will ich im Folgenden ausführen. Ich möchte dabei unseren Fokus auf ein bestimmtes Buch der Bibel richten, nämlich die Psalmen. Dies aus gutem Grund:

Der Kirchenvater Athanasius (295–373 n. Chr.) hatte die Psalmen als einen „Spiegel der menschlichen Seele" bezeichnet. In den Psalmen spiegelt sich unser Inneres. Was in keinem Spiegel und in keinem Foto zu sehen ist, zeigt sich in den Psalmen der Bibel. Was selbst Röntgenstrahlen und keine MRT (Magnetresonanztomografie) abbilden können, offenbart sich in Liedern und Gebeten Israels. Sie geben uns Bescheid über unsere eigene Seele. Athanasius fährt fort: Die Psalmen „besitzen doch die erstaunliche Eigenschaft, dass in ihnen die Regungen der menschlichen Seele, ihre jeweilige Veränderung und ihre Hinwendung zu Gott eingeschrieben und eingeprägt" sind. In seinem berühmten Brief an seinen Freund Marcellinus schreibt er schließlich:

> *Ich jedenfalls bin der Ansicht, dass in den Worten dieses Buches (der Psalmen) das ganze menschliche Leben, sowohl die geistlichen Grundhaltungen als auch die jeweiligen Regungen und Gedanken, umfasst und enthalten sind. Nichts kann darüber hinaus im Menschen gefunden werden.*[21]

Die Psalmen verraten uns demnach alles über uns selbst. Jedes Gefühl und jede Regung des Herzens, jeder Schmerz und jede Freude, jede Traurigkeit und jede Seelennot finden sich in der biblischen Schatzkammer der Psalmen. Doch damit nicht genug. Sie spiegeln nicht nur die menschliche Seele. Sie zeigen auch Wege auf, wie die Seele geheilt, gestärkt und gepflegt werden kann. Die Psalmen sind als Seelenbrot seit Jahrtausenden bewährt.

Nicht nur Athanasius wusste darum. Über tausend Jahre nach Athanasius schreibt Martin Luther, der im Kloster in die Schule des Psalmengebets gegangen war und die meisten von ihnen wohl auswendig kannte, in seiner Vorrede zum Buch der Psalmen die folgenden Worte:

Willst du die heilige christliche Kirche gemalet sehen in lebendiger Farbe und Gestalt, in einem kleinem Bilde gefasset, so nimm den Psalter vor dich, so hast du einen feinen, hellen, reinen Spiegel, der dir zeigen wird, was die Christenheit sei. Ja, du wirst auch dich selbst drinnen und das rechte Gnothi seauton (erkenne dich selbst) finden, das zu Gott selbst und alle Kreaturen.[22]

Luther kannte die Abgründe seiner Seele. Er wusste um seine eigenen depressiven Züge und seine inneren Konflikte. In den Psalmen allerdings fand er sich verstanden, erkannt und aufgehoben. Schon allein das vermittelte ihm Trost.

Ohne das beständige Meditieren der Psalmen hätte Luther die Lasten seines Amtes wohl kaum tragen können. Ja, er hätte sich wohl selbst kaum ertragen können, wenn er sich nicht immer wieder neu in den Psalmen hätte unterbringen können. So hat er erfahren, was ich mit einem anderen Bild ausdrücken möchte: Die Psalmen sind ein Haus für die Seele.

Der große Vorteil eines Blicks in den Spiegel ist, dass er uns nichts vormacht. Dies gilt nicht nur für den Spiegel im Märchen, sondern erst recht für den Spiegel des Psalters. Die Psalmen reden ungeschminkt und ungeschützt über die menschliche Seele. So heißt es in Psalm 139:

Herr, du erforschest mich und kennest mich. Ich sitze oder stehe auf, so weißt du es; du verstehst meine Gedanken von fern. Ich gehe oder liege, so bist du um mich und siehst alle meine Wege. Denn siehe, es ist kein Wort auf meiner Zunge, dass du Herr nicht schon wüsstest. Von allen Seiten umgibst du mich und hältst deine Hand über mir. Diese Erkenntnis ist mir zu wunderbar und zu hoch, ich kann sie nicht begreifen. … Denn du hast meine Nieren bereitet und hast mich gebildet im Mutterleibe. Ich danke dir dafür, dass ich wunderbar gemacht bin; wunderbar sind deine Werke; das erkennt meine Seele.

Psalm 139,1-4.13-14

Die äußerlich wahrnehmbaren Körperbewegungen wie Sitzen, Aufstehen oder Gehen sind von Gott genauso gesehen wie die geheimen Gedanken oder die verborgenen Regungen der „Nieren". Wie weiter vorn erwähnt, sind die sensiblen Nieren nach alttestamentlichem Verständnis der Sitz der Gefühle. Hier spürt man den Schmerz und den Ärger. Wenn uns eine Sache an die Nieren geht, meinen wir, dass sie uns bis ins Innerste geärgert hat und daher immer noch wehtut. Gott ist es, der „Herz und Nieren prüft" (Psalm 7,10).

Nun kennt Gott nicht nur die äußeren und inneren Vorgänge unseres Lebens. Sein Kennen und Wissen umfassen auch den zeitlichen Horizont. Wie entscheidend es ist, was Embryonen im Mutterleib erleben, ist hinlänglich bekannt. Schon vorgeburtliche Erfahrungen können in heilsamer wie auch in schädigender Weise ein Menschenleben prägen. Gott weiß um all diese Erfahrungen. Keine einzige ist ihm verborgen.

Was dies für das Heilwerden einer Seele bedeutet,

lässt sich an dieser Stelle nur andeuten. Gott, der Schöpfer jeder Menschenseele, weiß, was ihr fehlt und ihr widerfahren ist. Er als der Vater seiner Kinder leidet mit, wo Kinder schon im Mutterleib Ablehnung erfahren. Es geht an sein Vaterherz, wo Kinder nicht gewollt sind. Umgekehrt bedeutet es allerdings auch einen großen Heilungsschritt, wo Menschen erfahren, wie sehr sie vom göttlichen Vater geliebt und gewollt sind.

Wir sehen an dieser Stelle, wie tief der Spiegel der Psalmen reicht. Tiefer, als uns in aller Regel bewusst ist. Wer in diesen Spiegel schaut, bleibt nicht bei sich selbst, seinen Verletzungen, Behinderungen oder Defiziten stehen. Was er hier sehen und hören kann, kann er sich nicht selbst sagen und auch keine Menschweisheit und Menschenkunst dieser Welt können solche Einsichten vermitteln.

Mit Blick auf Psalm 139,1 („Du, Herr, erforschst mich und kennst mich“) sagt es die Theologin Gunda Schneider-Flume so:

> *Verdichtend, intensivierend erfährt der Beter, dass sein Leben unendlich viel mehr ist, als was im Blick auf ihn selbst ersichtlich ist: wunderbar gestaltet, sich selbst entzogen, im Erkennen Gottes geborgen.*[23]

Wo sich eine menschliche Seele in solcher Weise von Gott erkannt hat, erschließt sich ihr ein neuer Sinnhorizont. Sie weiß die Sonne über sich aufgehen und vermag aufzuleben.

Im Weiteren sehen wir, wie der Beter Gottes Nähe

und Begleitung seit Beginn seines Lebens kaum erfassen kann: „Aber wie schwer sind für mich, Gott, deine Gedanken." Doch geht es dem Beter weniger um das Verstehen Gottes als um das Vertrauen, das er dann auch eindeutig formuliert: „Am Ende bin ich noch immer bei dir." Auch eine solche Vertrauensaussage besitzt die Funktion eines Spiegels. Wer Gott erkennt, erkennt sich auch selbst. Er weiß um seine persönliche Identität, die nun getragen und geborgen ist.

Die Schlussverse von Psalm 139 verwundern. Rache und Gewalt statt Schutz und Trost sind nun das Thema. Die Gottlosen werden wahrgenommen. Ihnen wünscht der Beter den Tod. Sie werden als Feinde Gottes betrachtet. Die Perspektive ändert sich komplett:

> *Ach, Gott, wolltest du doch den Frevler töten. Dass doch die Blutgierigen von mir wichen! Denn voller Tücke reden sie von dir, und deine Feinde erheben sich ohne Ursache. Sollte ich nicht hassen, Herr, die dich hassen, und verabscheuen, die sich gegen dich erheben? Ich hasse sie mit ganzem Ernst; sie sind mir zu Feinden geworden.*
> *Psalm 139,19-22*

Die Stimmung kippt. Kräftige Emotionen wie Hass und Abscheu werden nach oben geschleudert. Rachegedanken treten ungeschützt ans Licht. Als Leser mag man zunächst den Kopf schütteln. Vor allem, wenn man die Worte Jesu von der Feindesliebe im Ohr hat, stößt man an dieser Stelle an die Grenzen des Verständnisses.

Und doch haben diese Verse einen tiefen seelsorgerlichen Sinn. Zum Erkennen Gottes und der eigenen Seele gehört auch, dass man sich distanziert. Der Beter sucht die maximale Distanz zu Menschen, die Gott hassen und seine Gebote übertreten. Mit ihnen will er nichts mehr zu tun haben. Denn er weiß, wie gefährlich sie seiner Seele werden können. Die Seele, die Gott und sich selbst erkennt, bedarf eines Schutzraumes. Um des heilvollen Lebens willen ist daher bisweilen entschiedene Distanzierung nötig.

Der Beter weiß um die Gefährdungen seiner Seele durch Feinde und böse Menschen. Daher zieht er eine Grenze. Am Ende des Psalms zeigt sich allerdings erneut eine Wende. Er lässt es nicht so weit kommen, dass er selbst Rache oder Gewalt an den Feinden Gottes übt. In den Schlussversen bittet er Gott, dass er ihn vor unrechtem Handeln behüten möge:

> *Erforsche mich Gott, und erkenne mein Herz; prüfe mich und erkenne, wie ich's meine. Und sieh, ob ich auf bösem Wege bin, und leite mich auf ewigem Wege.*
> *Psalm 139,23-24*

Noch einmal wirft er einen Blick in den Spiegel. Dabei nimmt er auch die Abgründe seiner Seele wahr. Diese sollen ihn weder im Handeln leiten noch sollen sie seine Seele beherrschen. Gott, der ihn durch und durch kennt, ja der ihn besser kennt als er selbst, soll ihn in seinen Motiven durchleuchten. Ihm wirft er sich nun ganz in die Arme.

Wir Menschen bleiben uns oft ein Rätsel. Wir sehen die in uns verborgenen Abgründe nicht. Unser Handeln können wir nicht immer selbst ergründen. Wir sind gefährdet, Dinge zu tun, die wir eigentlich nicht wollen oder am Ende bereuen. Wer weiß schon, ob er in seinem Tun und Denken über sich selbst und auch über andere richtig liegt? Gunda Schneider-Flume sagt treffend: „Auch mit seinem Hass stellt er sich Gott anheim."[24]

Die von Gott erkannte und zugleich gefährdete Seele ist bei ihrem Schöpfer am besten aufgehoben. Mit der Bitte „Sieh, wie ich's meine" gibt er zu, wie sehr er auf Gott angewiesen ist. Manfred Seitz hat recht, wenn er behauptet, die Seele sei ein „seltsames Ding".[25] Unergründlich und unerforschlich ist sie. Nur bei Gott findet sie ihr Zuhause. Kein Mensch ist seiner Seele mächtig. Befehlen wir deshalb unsere Seele Gott an, damit er sie seinen Absichten gemäß führt und leitet.

Psalm 139 ist ein eindrückliches Beispiel, wie ein Beter sich an allen Orten, in jeder Situation, in jedem Moment seiner Lebensgeschichte und sogar in einer extremen emotionalen Lage von Gott erkannt weiß. „Erkannt" zu sein bedeutet nicht weniger, als umfassend von Gott geliebt zu sein, und zwar in den Höhen und Tiefen des Lebens, in der Nähe und in der Ferne, in der Nacht und am Tage, in Bedrohung und in Gefahr.

Von Jesus heißt es, dass „er wusste, was im Menschen war" (Johannes 2,25b). Er durchschaute und kannte die Menschen. Der Zusammenhang dieser Stelle legt zunächst nahe, dass dieses Wissen und Erkennen Jesus zur Vorsicht mahnte. Er vertraute sich den Menschen nicht einfach an, da er ihre bösen Absichten kannte.

In anderen Zusammenhängen zeigt sich allerdings die seelsorgerliche Bedeutung dieser besonderen Gabe. Als der Pharisäer Nikodemus Jesus zur nächtlichen Stunde aufsucht und in umständlicher Weise ein Gespräch mit ihm beginnt, durchschaut Jesus ihn sofort und spricht ihm mitten hinein ins Herz. Nikodemus kommt ins Fragen und Stück um Stück führt Jesus ihn an die Wahrheit heran.

Noch klarer tritt diese seelsorgerliche Gabe Jesu im Gespräch mit einer Frau hervor, die er scheinbar zufällig zu mittäglicher Zeit an einem Brunnen trifft. Am Ende des Gespräches weiß sich diese Frau, die in Sachen Männerbeziehungen ein abenteuerliches Leben führte, von Jesus erkannt. Sie kann nur staunend feststellen: „Seht einen Menschen, der mir alles gesagt hat, was ich getan habe" (Johannes 4,29). Das Erkannt-Sein von Jesus setzt Menschen frei.

Jesus hatte Einsicht in das Verborgene des menschlichen Herzens. In der Begegnung mit ihm wurde es offenbar. Dennoch wussten sich die Menschen von ihm nicht nur erkannt, sondern auch geliebt. Erkennen und Lieben gehörten bei ihm zusammen. Wenn Jesus Menschen durchschaute, ließ er sie nicht einfach nackt und entblößt zurück. Mit seinem liebenden Blick hielt er sie vielmehr fest.

Jesu Blick und Jesu Worte sind wie ein Spiegel, der uns zur Wahrheit über uns selbst führt.

2. Die meditierende Seele

Seit über 35 Jahren bin ich nun Pfarrer. Mein Beruf erfüllt mich. Theologie ist meine Leidenschaft. Ich mag die Gemeinde und mag die Menschen. Mein Beruf hat mich allerdings auch eine Menge Kraft gekostet. Arbeit gab es immer genug. Siebenmal sind wir in diesen Jahren umgezogen. Immer wieder hieß es, Abschied zu nehmen und neu zu starten. Ich durfte in meinem Beruf sehr vielen unterschiedlichen Menschen begegnen. Es gab allerdings auch Konflikte und nicht zuletzt eigene Fehler.

Wenn ich mich frage, was mich in all den Jahren gehalten und gestärkt hat, was mir die innere Freude an meinem Beruf erhalten und die Standfestigkeit in Auseinandersetzungen gewährt hat, komme ich auf keine andere Antwort als die Beschäftigung mit dem Wort Gottes. Das regelmäßige Lesen und Beten mit der Bibel hat meine Seele lebendig erhalten.

Eine wichtige Rolle spielt in diesem Zusammenhang Psalm 1. Schon zu Beginn meines Theologiestudiums hat mich dieser Psalm im Rahmen einer Seminararbeit beschäftigt. Als ich meine erste Pfarrstelle antrat, wurde er mir von mehreren Freunden unabhängig voneinander zugesprochen.

Im Laufe meiner Dienstjahre erinnerte ich mich wieder an die Aussagen dieses Psalms. Etwa an das Bild eines Baumes, der am Wasser gepflanzt ist und daher nicht verdorrt. Auch das Bild der stetig wachsenden Früchte hat mich in mancher Verzagtheit getröstet. So ist der Psalm für mich zu einem Lebenswort geworden, das mich durch das Leben begleitet. Immer wieder kehre ich zu ihm zurück wie zu einer Quelle, schöpfe und lebe aus ihm.

> *Wohl dem, der nicht wandelt im Rat der Gottlosen noch tritt auf den Weg der Sünder noch sitzt, wo die Spötter sitzen, sondern hat Lust am Gesetz des HERRN und sinnt über seinem Gesetz Tag und Nacht!*
> *Der ist wie ein Baum, gepflanzt an den Wasserbächen, der seine Frucht bringt zu seiner Zeit, und seine Blätter verwelken nicht. Und was er macht, das gerät wohl.*
> *Aber so sind die Gottlosen nicht, sondern wie Spreu, die der Wind verstreut. Darum bestehen die Gottlosen nicht im Gericht noch die Sünder in der Gemeinde der Gerechten. Denn der HERR kennt den Weg der Gerechten, aber der Gottlosen Weg vergeht.*
> *Psalm 1*

Dieser Psalm ist das Eingangsportal zum gesamten Buch der Psalmen. Es wundert daher nicht, dass er das Wort Gottes zum Thema hat. Schon beim ersten Drüberlesen fällt uns der Ernst, aber auch das Verheißungsvolle des Psalms auf. Da ist zunächst von einer großen Entschiedenheit die Rede, mit der ein Mensch seinen Weg im Glauben geht. Dabei lässt das Bild des Weges erkennen, dass hier Ausdauer und Beständigkeit gefragt sind. Im Glauben geht es weder um einen

Sprint noch um eine Etappe, sondern um den Weg, den man beharrlich geht und der zum Ziel führt.

Allein das beständige Unterwegssein mit Gott führt zu geistlichem Wachstum, Reife und Veränderung. Der „Gerechte", von dem in Psalm 1 die Rede ist, „sinnt" ausdauernd, Tag und Nacht, über Gottes Wort nach. Im Hintergrund steht die jüdische Praxis der Schriftgelehrten, die sich die Schrift mit halblauter Stimme selbst vorlasen. Den monotonen Murmelton kann man heute noch vernehmen, wenn man z. B. die orthodoxen Juden an der Jerusalemer Klagemauer beten hört. Die jüdischen Gelehrten prägen sich auf diese Weise ganze biblische Bücher ein.

In der christlichen Tradition wird diese Art des Umgangs mit der Schrift mit dem lateinischen Wort *ruminatio* bezeichnet. Damit ist der Vorgang des „Wiederkäuens" gemeint. So, wie eine Kuh das einmal gefressene Gras immer und immer wieder kaut, wird in der *ruminatio* ein Vers oder ein Wort aus einem Bibeltext vom Meditierenden „gekaut". Mönche haben sich mit dieser Methode einzelne Schriftabschnitte oder ganze biblische Bücher einverleibt und so die Erfahrung gemacht, dass Gottes Wort die Seele satt macht.

Die Wirkungen solchen meditierenden Schriftgebrauchs sind spürbar und erlebbar und werden im weiteren Verlauf von Psalm 1 beschrieben.

> *Der wird sein wie ein Baum gepflanzt an Wasserbächen, der seine Frucht bringt zu seiner Zeit, und seine Blätter verwelken nicht.*
>
> *Psalm 1,3*

Das Bild vom Baum an den Wasserbächen weckt zunächst eine Menge von biblischen Assoziationen. Da fällt uns der Paradiesbaum, der Baum des Lebens, ein. Bibelkundige erinnern sich an die Lebensbäume, die in Hesekiel 47 beschrieben sind. Dort fließt aus dem Jerusalemer Tempel ein heilsamer Strom, an dessen Ufer Bäume gepflanzt sind, deren Blätter nicht welken und die unentwegt Frucht bringen. Oder uns fällt Psalm 92 ein, wo es heißt, dass der Gerechte grünen wird wie eine Zeder auf dem Libanon und dass diejenigen, die im Hause des Herrn gepflanzt sind, immerdar grünen werden. Selbst im Alter werden sie noch fruchtbar sein.

Alle diese Bilder haben eines gemeinsam: Sie verweisen auf eine innere Beziehung. Wer in einer lebendigen Gottesbeziehung steht, dem gilt die Verheißung blühenden Lebens. Durch die Lebensverbundenheit mit Gott strömen Kräfte, die auch in Dürrezeiten nicht versiegen. Dabei ist es nicht die eigene Kraft, die das Leben erhält, sondern die Kraft Gottes. Wir Menschen sind keine Selbstversorger. Wir tragen nicht uns selbst.

Das Bild vom Baum an den Wasserbächen steht für die Stetigkeit des Lebens. Auch unsere Seele will regelmäßig und dauerhaft genährt werden. Wir erinnern uns dabei an den alten pädagogischen Grundsatz: „Was nicht regelmäßig geschieht, ist in der Regel mäßig." Nun scheint das regelmäßige Lesen der Bibel selbst für viele Christen heute keine Praxis mehr zu sein.

Die Gründe dafür sind vielfältig. Bibellesen scheint so unscheinbar und so gewöhnlich. Bibellesen steht quer zu aller Eventfrömmigkeit, welche die Emotionen bedient und für gute Unterhaltung sorgt. Es wirkt mühsam, kopflastig und auch anstrengend. Dazu kommt, dass die Texte aus einer anderen Zeit und Kultur stammen. Sie wollen übersetzt und in den Alltag transportiert werden. Außerdem fehlt uns scheinbar die Zeit. Wir sind abgelenkt und die Konzentration auf einen sprachlich geformten Text fällt uns schwer.

Das regelmäßige Bibellesen hat es in der Tat schwer. Und doch ist es eine christliche Übung, die durch nichts ersetzt werden kann. Denn das kontinuierliche Meditieren des Wortes Gottes prägt das Herz, das Denken und letztlich auch die Seele. „Unsere Zeit", so schreibt der Schweizer Pfarrer Hans-Rudolf Bachmann,

> *ruft nach einer neuen Schlichtheit, nach einer Kultur des Bibellesens. Sie ruft nach einer Ergriffenheit durch das Wort des lebendigen Gottes selbst, die mehr prägende Kraft hat als alle Erlebnisse und Wunder. Dass Gott mit uns redet, ist das Wunder aller Wunder und kann durch nichts ersetzt werden.*[26]

Solches Bibellesen ist daher immer mit einer Widerstandsbewegung verbunden. Es bedeutet, dass man möglichen Ablenkungen widersteht und sich Zeiten des Alleinseins und der Einsamkeit einrichtet. Es bedeutet, allem Lauten, Aufgeregten und jeder Hektik zu widerstehen zugunsten einer Kultur des Schweigens und Hörens.

Auch der Sehnsucht nach dem „immer Neuen“ und der steten Abwechslung ist zu widerstehen, und zwar zugunsten der regelmäßigen Wiederholung, zugunsten des Bewegens und Bewahrens. Denn das stets Neue verändert uns nicht. Was uns jedoch innerlich verändert, reifen und wachsen lässt, ist das beharrliche Bleiben in guten Gewohnheiten.

Nicht zuletzt gilt es, beim Lesen der Bibel die Vorstellungskraft zu aktivieren. Bibellesen kann zwar durchaus mit hohem Lesetempo geschehen, wenn man sich etwa ein ganzes Kapitel oder gar ein ganzes biblisches Buch einverleibt. Meditierend die Bibel zu lesen, bedeutet allerdings, dass man sie langsam und verweilend liest. Dabei spielen die biblischen Bilder eine wichtige Rolle. Diese gilt es vor dem inneren Auge entstehen zu lassen.

Nehmen wir das Bild des Baumes aus Psalm 1, so entsteht beim Lesen die Anschauung eines kräftigen Stammes mit fester Rinde, ausladenden Ästen und grünen Blättern. Es ist das Bild des Lebens, das vor meinem geistigen Auge auftaucht und an dem sich die Seele sattsehen kann.

Wer die Bibel also meditierend liest, also das Gelesene schaut, wird sie am Ende sehr viel ganzheitlicher und unmittelbarer erfassen, als wenn er nur Worte, Grammatik und Satzbau beachtet. Dabei sind gesprochenes Wort und geschautes Bild nicht als Gegensätze zu begreifen. Vielmehr ist es so, dass das Wort die Bilder entstehen lässt und die Bilder dem Wort entspringen. Die Worte der Bibel geben der Seele etwas zu sehen, das sie am Leben hält.

3. Die klagende Seele

Bei einem Großteil der Psalmen handelt es sich um Klagepsalmen. Ungeschützt und ungefiltert kommt dort ein Leid-Erleben zur Sprache, über das man sich zunächst nur wundern kann. Die folgenden Verse finden wir in Psalm 102,4-8:

> *Denn meine Tage sind vergangen wie ein Rauch,*
> *und meine Gebeine sind verbrannt wie von Feuer.*
> *Mein Herz ist geschlagen und verdorrt wie Gras,*
> *dass ich sogar vergesse mein Brot zu essen.*
> *Mein Gebein klebt an meiner Haut*
> *vor Heulen und Seufzen.*
> *Ich bin wie die Eule in der Einöde,*
> *wie das Käuzchen in den Trümmern.*
> *Ich wache und klage*
> *wie ein einsamer Vogel auf dem Dache.*

Über solche Sätze mag man sich zunächst nur wundern. Hier schildert einer in einer Tiefe und Ehrlichkeit, dazu in einer atemberaubenden Bildsprache sein Ergehen. Er befindet sich in einer umfassenden, alle Lebensbereiche betreffenden Notsituation. „Wie Rauch vergehen die Tage", d. h., sie sind flüchtig und nichtig. Die Zeit wird nicht als erfüllt, sondern ausschließlich als leer und vergehend erlebt.

Die „Gebeine“ sind ausgebrannt. Die Kräfte sind aufgezehrt. Es fehlt jegliche körperliche Energie, die Herausforderungen des Lebens anzugehen. Dem „Herzen“, dem Zentrum menschlicher Empfindungen und Gedanken, ist die Kraft abhandengekommen. Es traut sich nichts mehr zu. Trockenheit und Leblosigkeit sind an die Stelle von innerer Frische und Entscheidungsfreude getreten. Schließlich ist der Appetit verloren gegangen. „... dass ich sogar vergesse, mein Brot zu essen.“

Appetitlosigkeit zählt zu den Kennzeichen einer schweren Depression. Rudolf Bohren, der das aus eigenem Erleben kennt, sieht in der Appetitlosigkeit eine das ganze Menschsein bestimmende Haltung. Nicht nur das Essen, auch das Leben schmeckt nicht mehr. Wofür man bisher Freude und Genuss empfand, bereitet nun kein Vergnügen mehr. Die elementarsten Bedürfnisse werden nicht mehr wahrgenommen.[27] Die Folge ist, dass der Beter abgemagert ist und nur noch aus Haut und Knochen besteht.

Am Ende des Abschnittes begegnet uns schließlich die Schilderung tiefer Einsamkeit, wie es für depressive Gemütszustände typisch ist. Mit den Bildern von der „Eule in der Einöde“ und dem „Käuzchen in Trümmern“ erfasst die biblische Metaphorik den äußeren wie inneren Zustand des Klagenden treffend. Er fühlt sich von seiner Außenwelt isoliert, vergessen und mutterseelenallein. „Ich wache und klage wie ein einsamer Vogel auf dem Dache.“ Zur Einsamkeit kommt die Schlaflosigkeit hinzu. Das zermarternde Grübeln raubt den Schlaf.

Helmut Tacke, der diese Seelenzustände ebenfalls selbst erlebt hat, schreibt dazu:

> *Das häufig mit der endogenen Depression verbundene Entfremdungserlebnis führt den Kranken in die totale Isolierung und distanziert ihn von der Anteilnahme seiner Freunde und Angehöriger, sodass er sich selber wie ein Toter, als Vergessener empfindet.*[28]

Die Krise, die der Psalmbeter erlebt, ist umfassend. Fasst man die körperlichen wie seelischen Begleiterscheinungen zusammen, so ergibt sich ein ganzheitlicher Erschöpfungszustand, der sehr stark an eine schwere endogene Depression erinnert.[29]

Die Verse aus Psalm 102 schildern ein Leid-Erleben, das viele in unseren Tagen so oder ähnlich empfinden dürften. Die Seele ist müde und einsam geworden. Ein erster Schritt zur Hilfe ist es, sich diesen Zustand einzugestehen und zu artikulieren. Michael Herbst sieht im Beten der Klagepsalmen einen Weg zur Selbstseelsorge:

> *Für die Seelsorge könnte die Hilfe dieser Psalmworte darin bestehen, solchen Gefühlen Sprache zu verleihen und sie damit aus ihrer bedrohlichen Stummheit herauszuholen. Zugleich haben die Psalmbeter Namen für Gott, die bis in die Tiefe der Angst hineinreichen können: Meine Stärke, mein Fels, meine Burg, mein Erretter, mein Hort, mein Schild, Berg meines Heils und*

mein Schutz, so heißt es etwa in Psalm 18,2f. Die Sprache der Psalmen ist keine Rede über Gott, die abstrakte Wendungen benutzt. Die Sprache der Psalmen ist Anrede und Anbetung Gottes. Mit solcher Anrede und Anbetung Gottes betet sich der Psalmbeter hin in das erneuerte Vertrauen zu Gott und darum auch zum Leben, und er betet sich heraus aus der beklemmenden Angst.[30]

Das Beten der Psalmen kann eine wirksame Therapie von Depressionen bzw. Angstzuständen nicht ersetzen. Doch verleiht solches Beten der Angst eine Sprache. Damit wird sie zwar nicht gegenstandslos, aber die Seele kann lernen, besser mit ihr umzugehen. Die Klagepsalmen leihen der geängstigten Seele Worte und verhindern so, dass die Angst sprachlos bleibt. Sie darf sich äußern und nach außen treten.

Das Alte Testament befindet sich in einer „vorpsychologischen Zeit". Eine Klassifizierung psychologischer Störungen war in jener Zeit nicht bekannt. Umso erstaunlicher ist es, dass die Schilderungen vieler Klagepsalmen an das Leiderleben von Depressiven erinnern. Depressive fühlen sich von ihrer Umwelt isoliert. Freunde ziehen sich zurück. Die Beziehung zu sich selbst ist gestört. Selbstannahme fällt schwer. Das Gefühl des eigenen Wertes ist verloren gegangen. Selbst Gott, der das Leben bisher getragen hat, ist fraglich geworden. Depressive Stimmungen nehmen einem die Luft. Der Lebensraum schrumpft. Am liebsten würde man sich „immer kleiner machen, um in einem Loch aus dieser Welt zu schlüpfen"[31]. Die Welt bietet kein Zuhause mehr.

Wie tief solche Erfahrungen gehen können, schildert schließlich Psalm 88,4-7:

Denn meine Seele ist übervoll an Leiden,
und mein Leben ist nahe dem Tode.
Ich bin denen gleich geachtet, die in die Grube fahren,
ich bin wie ein Mann, der keine Kraft mehr hat.
Ich liege unter den Toten verlassen,
wie die Erschlagenen im Grabe liegen,
derer du nicht mehr gedenkst
und die von deiner Hand geschieden sind.
Du hast mich hinunter in die Grube gelegt,
in die Finsternis und in die Tiefe.

Die Seele des Beters ist mit Leiden gesättigt. Legt man die ursprüngliche Bedeutung von Seele, nämlich Kehle bzw. Schlund, zugrunde, so wird die Metaphorik noch sprechender. Der Klagende hat den „Hals voll". Die Kehle, das Lebensorgan schlechthin und Ausdruck des menschlichen Lebensdurstes, ist wie zugeschnürt. Atemnot macht ihm zu schaffen. Er fühlt sich wie erschlagen. Auch an dieser Stelle zeigen sich für Depression typische psychosomatische Symptome. Leib und Seele sind gleichermaßen betroffen.

Dass am Ende auch die Gottesbeziehung gestört ist, darf einen nicht wundern. Er fühlt sich „halb tot" und von Gott vergessen. Die Tatsache, dass er sich bereits im Reich des Todes wähnt, ist für den alttestamentlichen Glauben in diesem Fall nicht ungewöhnlich. Der Einbruch von Krankheit und Leid in ein Menschenleben galten als Vorboten des Todes. So fühlt sich der Beter vom Leben abgeschnitten. Er fühlt sich in eine Grube geworfen, aus der aus eigenen Kräften kein Entkommen möglich ist.

Wir können hier an den Propheten Jeremia oder auch an Josef denken, die beide in einer Zisterne landeten. Aber auch die metaphorische Deutung macht an dieser Stelle Sinn. Wenn unsere Gefühlslage ganz unten ist, reden wir davon, dass „wir am Boden zerstört sind", uns in einem „Loch" oder einem „Keller" befinden oder dass wir tief im Schlamassel stecken, aus dem wir uns nicht befreien können.

Depressive Verstimmungen sind an sich nichts Ungewöhnliches. Jeder erlebt hin und wieder einen „Durchhänger", fühlt sich müde und lustlos. In aller Regel sind solche Verstimmungen nicht von Dauer und vergehen wieder. Was aber ist, wenn eine solche Stimmung anhält? Was ist, wenn sie sich festsetzt und bleibt? In manchen der Klagepsalmen scheint diese Situation aufgenommen zu sein. Beispielhaft zeigt sich dies in Psalm 13,3:

Herr, wie lange willst du mich so ganz vergessen?
Wie lange verbirgst du dein Antlitz vor mir?

Gleich zwei Mal stellt der Beter seinem Gott die vorwurfsvolle Frage: „Wie lange?" Man könnte auch sagen: „Wie lange noch?" Der Beter leidet unter dem gegenwärtigen Zustand und wünscht, dass er zu

Ende geht. Dadurch, dass die Klage wiederholt wird, wird ihre Dringlichkeit unterstrichen. Die Situation ist kaum mehr auszuhalten. Er beklagt, dass er sich von Gott vergessen fühlt und Gott sich wie hinter Wolken verbirgt.

Warum nur? Ist Gott nicht der Freundliche und Zugewandte? Warum entzieht er sich? Der Grund wird hier nicht genannt. Scheinbar grundlos zieht Gott sich zurück. So etwas ist schwer auszuhalten. Besonders schlimm ist es, wenn sich solche Erfahrungen über Jahre hinziehen. Der Schwermütige ist kein Mensch, der gesündigt hat, sondern einer, der Gott nicht mehr sehen, spüren und fühlen kann. Und doch weiß er, dass es einen Gott gibt. Nicht der Glaube geht ihm verloren. Aber das Gefühl für Gottes Nahe-Sein.

Letzteres zeigt sich in Psalm 22. Der Beter redet Gott direkt mit den Worten „mein Gott" (V. 2) an. Und lässt so erkennen, dass er, obwohl er ihn nicht versteht, noch mit ihm rechnet. Diesen Widerspruch auszuhalten, macht die eigentliche Not aus. Da ist das Wissen um einen helfenden Gott und zugleich die Erfahrung, dass dieser helfende Gott schweigt. Wie soll man so etwas aushalten? Wie soll man damit umgehen?

Bernd Janowski bezeichnet die Klagepsalmen als „Konfliktgespräche mit Gott"[32] und bringt die Sache damit auf den Punkt. In den Gebeten der Klagepsalmen wird der Konflikt, dass Gott sich anders verhält, als er es versprochen hat, zum Ausdruck gebracht. Allein das kann schon eine Hilfe sein. Die Not nicht verschweigen, sondern sie aussprechen – vor

Gott und auch vor Menschen. Darin besteht ein erster Schritt zur Hilfe. Die Seele darf sich mit allem, was in ihr ist, äußern. Und sie soll es auch. Das Verschweigen und Verschließen der Not dagegen sorgt dafür, dass diese in der Tiefe des Unterbewussten versinkt und sich dort festsetzt.

Gerhard Tersteegen schreibt in einem Brief an einen schwermütigen Freund die folgenden Zeilen:

Du darfst dein Kreuz nicht heimlich tragen;
du musst dein Herz entdecken frei.
Und Gott und treuen Freunden sagen,
wie es mit dir beschaffen sei:
Ein schwerer Mut wird öfters leicht,
wenn man die Schwermut andern zeigt.[33]

Tersteegen fordert den Depressiven auf, das Verborgene im Innern wahrzunehmen und es zu benennen. Indem „Gott und guten Freunden" gesagt wird, wie es mit einem beschaffen ist, öffnet sich bereits ein Fenster.

Depression stellt oft ein heimliches Leiden dar. Selbst wenn sie längst als Volkskrankheit verbreitet ist, findet sie doch meistens im Verborgenen statt. Immer noch scheut man sich aus Scham, darüber zu reden. Zu lange wird das eigene Leiden beschönigt. Nicht immer kann man auf das Verständnis seiner Nächsten oder der Familie hoffen. Tersteegen hat daher recht, wenn er sagt: „Ein schwerer Mut wird öfters leicht, wenn man die Schwermut andern zeigt."[34]

Tersteegen weiß um die soziale Komponente der Krankheit. Er weiß, wie sie Herz und Mut einschnürt.

Im Gebet, aber auch im Gespräch mit Freunden, wird die Selbstisolation durchbrochen. Die Seele kann sich erholen.

Ich erinnere mich an manches Gespräch mit Trauernden, bei dem ich lange, lange nur zuhörte. Kopfnickend, bestätigend und manchmal nachfragend saß ich dabei. Die eigenen Redeanteile hielt ich zurück und auch die christliche Botschaft brachte ich nur sehr dosiert ein. Am Ende einer solchen Begegnung äußerten sich meine Gesprächspartner immer wieder mit solchen Worten: „Danke für alles, was sie uns gesagt haben. Es hat uns gutgetan." Innerlich schmunzelnd nahm ich dieses Kompliment zur Kenntnis. Ich hatte eigentlich gar nichts gesagt, sondern nur zugehört.

Dass alles „rausmuss", d. h., die Seele sich äußern soll, zeigt sich auch in den sogenannten „Rachepsalmen". Diese stellen eine Untergruppe der Klagepsalmen dar. Das Kennzeichnende dieser Psalmengruppe ist, dass sie nicht in der Klage verharren, also nicht bei den Vorwürfen Gott gegenüber stehen bleiben. Sie gehen vielmehr einen Schritt weiter und schleudern ihre ganze Wut und Aggression nach außen. Schmerz und erlittenes Unrecht werden nicht still ertragen, nach innen gekehrt oder sprachlos erduldet, sondern offen zur Sprache gebracht.

So lesen wir in Psalm 94,1-2:

Herr, du Gott, der Vergeltung, du Herr der
Vergeltung, erscheine!
Erhebe dich, du Richter der Welt;
vergilt den Hoffärtigen, was sie verdienen.

In Psalm 79,6 heißt es:

Schütte einen Grimm auf die Völker,
die dich nicht kennen,
und auf die Königreiche,
die deinen Namen nicht anrufen.

Ebenso Psalm 139,19-22:

Ach, Gott, wollest du doch die Gottlosen töten!
Dass doch die Blutgierigen von mir wichen!
Denn sie reden von dir lästerlich,
und deine Feinde erheben sich mit frechem Mut.
Sollte ich nicht hassen, Herr, die dich hassen,
und verabscheuen, die sich gegen dich erheben?
Ich hasse sie mit ganzem Ernst;
sie sind mir zu Feinden geworden.

Wer traut sich, so zu beten? Was für uns heute als unangemessen gilt und jeden Anstand vermissen lässt, war für die Beter in biblischer Zeit offenbar kein Problem. Stimmungen werden nicht beschwichtigt. Aggressionen werden nicht gedämpft, sondern ungeschützt geäußert. Die Psychologen sprechen in diesem Zusammenhang von einer „Katharsis" (Reinigung). Die Klagepsalmen sind eine Art Klärwerk der Seele.

Ich bin froh, dass die Psalmen an dieser Stelle so ehrlich sind. Denn so kommt zum Ausdruck, was wirklich in uns los ist, wenn wir uns ungerecht behandelt fühlen oder verletzt werden. Es macht vor diesem Hintergrund keinen Sinn, negative Gefühle zu unterdrücken oder zum Ausgleich zu bringen. Es ist hinlänglich bekannt, dass Menschen gerade dann depressiv werden, wenn es ihnen verwehrt ist, ihre Stimmungen herauszulassen. Was in christlichen Familien und Gemeinden vielfach abgewehrt oder unterdrückt, geschweige denn offen ausgesprochen oder ausgetragen wird, wird hier zugelassen.

Peter Bukowski ist daher recht zu geben, wenn er schreibt:

> *Die heilsame Botschaft der Rachepsalmen lautet auf diesem Hintergrund: Ärger und Wut dürfen gespürt und herausgelassen werden. Es ist erlaubt, „böse Worte" über andere zu denken und auszusprechen.*[35]

Eine solche Einsicht kann befreien. Das Gebet, in dem man Gott alles, wirklich alles sagen kann, besitzt einen nicht zu unterschätzenden therapeutischen Wert.

Wir fassen zusammen und fragen abschließend, was wir von den Klagepsalmen für unsere Seele lernen können.

→ Die Klagepsalmen sind ein Zeugnis, dass auch und gerade der glaubende Mensch in tiefe Anfechtung und Krisen hineingeraten kann. Diese Realitäten werden darin nicht beschönigt oder gar verdrängt. Vielmehr werden sie im Gebet vor Gott zur Sprache gebracht. Der Glaube Israels konnte es sich leisten, auch das Unverständliche, die Dunkelheit und die Verzweiflung vor Gott auszusprechen.

Bernd Janowski bezeichnet die Klage als „nicht nur ein legitimes, sondern auch unverzichtbares Element des Glaubens“[36]. Sie gehört zum Menschsein und zum Glauben dazu. Wo sie nicht zugelassen wird, fehlt dem Glauben nicht nur der Realitätsbezug. Ihm fehlt auch eine Möglichkeit, Gefühle der Angst, der Einsamkeit oder wie im Falle der Rachepsalmen der Wut und Aggression zu kommunizieren.

> *Alle Anerkennung katastrophaler Realität, die nicht durch die Klage geht, ist lebenstötend und unverantwortlich. Eine Gottesbeziehung, in der keine Konfliktgespräche möglich sind, ist seicht und lebensfern: Klageabstinenz bedeutet Beziehungs- und Lebensverlust.*[37]

→ Das sind deutliche Worte. Ohne es aber in dieser Deutlichkeit anzusprechen, kann unsere Seele nicht gesund bleiben. Die Psychologen reden von der Katharsis, d. h. von der Reinigung. Unsere Seele bedarf der beständigen Reinigung. Dazu gehört auch, dass sie ihre Konflikte mit Gott, mit sich selbst und mit anderen Menschen zur Sprache bringt.

In aller Regel bedarf es eines erhöhten Leidensdrucks, bis es so weit kommt. So muss es allerdings nicht sein. Wer lernt, seine Konflikte, auch wenn es nur kleine Kränkungen oder Verletzungen sind, wahrzunehmen, und den Mut besitzt, diese mit Gott oder guten Freunden zu teilen, wird seiner Seele Gutes tun. Es mag zwar viele Ausreden geben, einen solchen Schritt hinauszuzögern. Die Scham oder das Gefühl, andere hätten keine Zeit, mögen hier eine Rolle spielen. Auch der eigene Stolz kann dem im Weg stehen. Wer gibt schon gerne zu, dass er in Not ist und Hilfe braucht?

Die Klagepsalmen machen uns an dieser Stelle Mut, auf das eigene Herz zu achten und sich selbst nicht zu verschließen. Hier gilt der therapeutische Grundsatz: Nur was zugelassen wird, kann auch geheilt werden. „Zulassen" bedeutet in diesem Fall das Eingeständnis der eigenen Not und deren Artikulation gegenüber Gott und Menschen.

→ Auf diesem Hintergrund lohnt es sich, die eigene Glaubenskultur zu hinterfragen. Erlaube ich mir, vor Gott zu klagen? Erlaube ich anderen Menschen zu klagen, zu weinen und zu trauern? Sind wir manchmal nicht viel zu schnell beim Bagatellisieren? Sagen wir nicht zu schnell: „Stell dich nicht so an" oder „Sei doch kein Jammerlappen"?

Der Vorteil der Klage ist, dass wir der Not eine Richtung geben. Sie kommt vor Gott und bleibt nicht allein auf der Seele lasten.

Wir werden mit Blick auf Psalm 103 noch sehen, wie die Aufforderung zum Lob für die eigene Seele durchaus heilsam sein kann. Das gilt aber nicht in jedem Fall. Oftmals ist es geradezu notwendig, die Tiefe, das Leid und den Schmerz anzuschauen und zu artikulieren. Das Gotteslob kann zu Realitätsverlust führen, wenn die negativen Gefühle niemals Ausdruck finden. Auch die gängige Lobpreiskultur wäre vor diesem Hintergrund zu hinterfragen. Zum Glauben und Leben gehört immer beides: Lob und Klage. Eine gesunde Frömmigkeit wird daher auch beides wahrnehmen und zulassen.

→ Auf eine weitere heilsame Dimension der Klage sei abschließend hingewiesen. Die Klage bringt nicht nur eigene Gefühle der Schwermut oder Traurigkeit zur Sprache, sondern auch, wie wir bei den Rachepsalmen gesehen haben, die Erfahrung von Unrecht oder Verletzung. Beides braucht Raum und darf daher auf keinen Fall beschwichtigt werden.

Auch die durchaus gut gemeinte Aufforderung, doch den Tätern zu vergeben, kann fehl am Platze sein. Und zwar dann, wenn das Unrecht vorher nicht zur Sprache kommt. Nicht immer ist Vergebung das erste Gebot, sondern das Aussprechen von Unrecht und Verletzung, Wut und Aggression.

Die Rachepsalmen machen an dieser Stelle Mut, erlittenes Unrecht nicht passiv hinzunehmen, sondern offensiv dagegen anzugehen. Konflikte dürfen nicht immer durch „Nächstenliebe“ gelöst werden. Will die Seele gesund bleiben, muss alles zur Sprache kommen.

4. Die erquickte Seele

Der 23. Psalm zählt wohl zu den bekanntesten Psalmen der Bibel. Bereits Kinder im Grundschulalter lernen ihn auswendig (wenigstens ist es im württembergischen Bildungsplan so vorgesehen). Vielen evangelischen Kirchenmitgliedern ist der Psalm vom guten Hirten so etwas wie eine „eiserne Ration“ und ein Gebet, auf das sie in Notzeiten zurückgreifen. Und selbst Menschen, die dem christlichen Glauben fernstehen, vermitteln die Worte und Bilder des Psalms ein Gefühl von Schutz und Geborgenheit.

Wer sich den Psalm allerdings genauer anschaut, nimmt wahr, dass es in den Versen nicht um Hirtenromantik oder um ein ungefährdetes und konfliktloses Leben geht. Der Psalm erzählt vielmehr vom „Tal des Todesschattens“, das der Beter durchschreiten muss. Außerdem erfahren wir von konfrontierenden Feinden. Der Psalm beschreibt also kein beschauliches Idyll, sondern das Leben mit all seinen Mühen, Widrigkeiten und Herausforderungen. In alldem erfährt der Beter freilich die Zuwendung und Nähe des guten Hirten.

Zu den Kostbarkeiten des 23. Psalms zählen die Worte, die Luther so übersetzt hat: „Du erquickest meine Seele.“ Übersetzt man den Vers genauer, so entdeckt man hier das Wort, welches das Alte Testament für die Umkehr des Menschen zu Gott verwendet („schub“). Die dabei im Hebräischen verwendete grammatikalische Form lässt dann die folgende

Übersetzung zu: „Er stellt meine Seele wieder her" oder auch: „Er erneuert meine Vitalität." Bemerkenswert ist an dieser Stelle, dass die Seele durch Gott selbst, den guten Hirten, wiederhergestellt wird. Er, der den Menschen als Seele geschaffen hat, stellt diese auch wieder her. Er führt sie zu sich selbst zurück.

Dass unsere Seele der Wiederherstellung bedarf, ist allgemein bekannt. Yoga, spirituelles Heilen, Hypnose und Traumatherapie sind nur wenige Methoden, um die entfremdete Seele wieder zu sich selbst zurückzubringen. Übersehen wird dabei, dass allein der dreieinige Gott, der Schöpfer der menschlichen Seele, der Erlöser und Erneuerer, der selbst die Quelle des Lebens ist, die Seele heil machen kann.

Meine Frau und ich sind seit Jahren in der Gebetsseelsorge tätig. Dabei erleben wir, wie Gott selbst Menschenseelen heilt und befreit. Wo sich eine Seele Gott öffnet, ihm sagt, was „obenauf liegt", Schuld bekennt, Verletzungen benennt, Ohnmacht vor ihm ausspricht, Schwachheit zugibt und innere Bindungen nicht verschweigt, entzieht Gott seine Hilfe nicht. Mit großer Barmherzigkeit berührt er Seelen. Mit heilender Liebe senkt er sich in Wunden. Mit neuer Kraft begabt er in Schwachheit. Mit machtvollen Worten löst er Bindungen. Mit vergebendem Zuspruch tilgt er die schlimmsten Sünden. Gott selbst erneuert die Seele. Es ist ein großer Fluch unserer Zeit, dass wir diese Quelle vergessen haben. Die Worte des Propheten Jeremia aus dem 6. vorchristlichen Jahrhundert halten daher auch unserer Zeit den Spiegel vor:

„Denn mein Volk hat eine zweifache Sünde begangen: Mich, die Quelle des lebendigen Wassers, haben sie verlassen, um sich Zisternen zu graben, löchrige Zisternen, die kein Wasser halten."

Jeremia 2,13

Unsere Seele ermüdet. Dabei ist es in der Regel nicht die Fülle an Arbeit, die zur Erschöpfung führt. Sehr viel kräftezehrender ist das sogenannte „Hintergrundprogramm", das uns zu schaffen macht. Dies können Verletzungen durch Kollegen, Nichtbeachtung von Mitarbeitern oder gar bewusste Erniedrigung durch Vorgesetzte sein.

Helen Heinemann vertritt die These, dass Burnout nicht vom Job kommt.[38] Die wahren Ursachen des Ausbrennens lägen nicht in erster Linie in einem Übermaß an Arbeit, sondern beträfen ungeklärte Lebensfragen wie die Frage nach dem eigenen Wert, der Identität oder der Zukunft.

Helen Heinemann trifft ins Schwarze. Es sind die Nebenschauplätze, die unserer Seele die Kräfte rauben. Ab und zu braucht auch unsere Seele einen Erholungsurlaub oder wenigstens einen Erholungsspaziergang.

Der Pfarrkonvent in jenem Jahr war etwas Besonderes. Alle Pfarrerinnen und Pfarrer des Tübinger Dekanatsbezirks machten sich auf den Weg zum Schwanberg, einem geistlichen Zentrum in der Nähe von Würzburg. Die dort beheimatete evangelische Kommunität der Schwestern vom Casteller Ring kannte ich damals nur vom Hörensagen. Ich war neugierig und gespannt. Da die vergangenen Monate sehr anstrengend gewesen waren, hoffte ich auf ein paar Tage der Entspannung und der geistlichen Erfrischung.

Am zweiten Tag unserer Pfarrer-Fortbildung trafen wir uns mit einer der Schwestern der Kommunität. Sie sollte uns Impulse für unser eigenes geistliches Leben weitergeben. Doch statt eines Referats ging die Schwester gleich zu einem praktischen Teil über. Nach einigen Übungen zum Atmen und zur Körperwahrnehmung schickte sie uns zu einem Spaziergang in den nahe gelegenen Wald. Dabei gab sie uns den folgenden Auftrag mit auf den Weg:

„Gehen Sie langsam. Etwa eine halbe Stunde lang. Sprechen Sie alles aus, was Sie beschäftigt oder auf Ihrer Seele liegt. Sprechen Sie halblaut und nicht in Gedanken. Reden Sie Jesus direkt an. Wenn Sie dann eine Zeit lang mit ihm gesprochen haben, werden Sie still und hören Sie, ob er Ihnen nicht etwas sagen will. Versuchen Sie am Ende zu erspüren, ob er rechts oder links von Ihnen geht."

Wir staunten nicht schlecht und mancher aus unserer Gruppe runzelte in diesem Moment die Stirn. Auch wenn es das tägliche Geschäft eines Pfarrers ist, für andere oder mit anderen zu beten, so wurden wir hier doch auf besondere Weise herausgefordert. Hier ging es um unser eigenes Herz, um unser persönliches Gebet und nicht zuletzt um unsere eigene Beziehung zu Jesus.

Ich machte mich also auf den Weg. Nachdem ich die Kollegen aus dem Blickfeld verloren hatte und für mich allein war, begann ich, Jesus mein Herz auszuschütten. Mit schlichten Worten brachte ich mein ganzes Leben vor ihn. Da waren Menschen aus der Gemeinde. Erfahrungen aus den letzten Monaten. Meine Müdigkeit. Dinge, die schwierig waren. Projekte, die anstanden. Gedanken um meine persönliche Zukunft. Ich legte ihm meine Sorgen vor die Füße. Ich bat um Vergebung, wo sich Unheilvolles in mein Leben eingeschlichen hatte. Natürlich betete ich auch für meine Frau und unsere fünf Kinder. Es war eine Wohltat, alles loszuwerden.

Irgendwann wurde ich ruhig und es wurde still in mir. Und dann war es mir, als ob Jesus mich an die Worte des 23. Psalms erinnerte: „Rolf, ich bin dein Hirte. Dir wird nichts mangeln. Ich weide dich auf einer grünen Aue. Ich erquicke deine Seele." Ich erlebte Gottes Hirtensorge. Ermutigt und innerlich gestärkt ging ich weiter.

Die Tatsache, dass ich mich an diese Erfahrung nach über zwanzig Jahren so gut erinnere, zeigt mir, wie prägend sie für mich war. Jesus zeigte mir, dass er sich um meine müde Seele kümmert. Als Pfarrer, der sich gerne und ausdauernd um andere Menschen kümmert, ja, dessen Lebensaufgabe das Sich-Kümmern mehr oder weniger geworden ist, habe ich verstanden, dass ich bei ihm in die Seelsorge gehen darf und dies auch tun soll.

Mein Lehrer Manfred Seitz, Theologieprofessor in Erlangen, hatte es mir schon während meines Studiums nahegelegt: „Wer Seelsorge übt, muss in der Seelsorge Jesu Christi stehen."[39] Wir Menschen sind keine Selbstversorger. Wir brauchen den guten Hirten, der unsere Seele kennt, liebt und sich um sie kümmert.

Nun muss man nicht unbedingt einen meditativen Spaziergang machen, um zu dieser Erfahrung zu kommen. Entscheidend ist auch hier die Beziehung. Interessant ist es daher, das Augenmerk auf die Personalpronomen des Psalms zu richten. Gott ist eben nicht nur „ein" Hirte, sondern „mein" Hirte. Der Unterschied könnte kaum größer sein. Auch im Hebräischen wird dieser Unterschied nur durch einen einzigen Buchstaben ausgedrückt. In der Sprache der Bibel heißt es „adonai ro'i". „Adonai" heißt so viel wie „Herr". „Roeh" meint in der Ursprache „Hirte". Durch die Hinzufügung des „i" am Ende des Wortes wird signalisiert, dass Gott persönlicher und vetrauter Hirte ist.

Seinen tiefsten und zugleich unübertroffenen Ausdruck findet dieses Hirtenbild in Jesus Christus. In ihm hat die Hirtensorge Gottes Gestalt angenommen. Nun gilt: „Jesus, mein Hirte. Du stellst meine Seele wieder her." Gott kümmert sich in Jesus um die Seele eines jeden Menschen.

Der erste Schritt zur Wiederherstellung meiner müden oder erschöpften Seele ist daher, dass ich mich an Jesus, den großen „Bischof aller Seelen" (1. Petrus 2,25) wende. Es ist dann so, als wenn ich den Arzt meines Vertrauens aufsuche und dabei offen zugebe, wie es um mich steht.

Teresa von Ávila überliefert uns die Worte: „Beten ist meiner Meinung nach nichts anderes als Verweilen bei einem Freund, mit dem wir oft allein zusammenkommen, einfach um bei ihm zu sein, weil wir sicher sind, dass er uns liebt."[40] Teresas Schriften zeigen, wie freundschaftlich ihre Beziehung zu Jesus war. Unangenehmes musste sie vor ihm nicht verschweigen. Unverstellt konnte sie sich ihm öffnen. Fehler konnte sie zugeben.

Wer weiß, wie sanft, milde und verständnisvoll Jesus ist, traut sich, sich ihm zu öffnen. Die erste Adresse in jeder Seelennot sollte daher Jesus sein.

5. Die unruhige Seele

Oftmals heißt es innerhalb der christlichen Verkündigung, dass man sich nicht so sehr mit sich selbst beschäftigen soll. Auch auf seine eigenen Gefühle solle man nicht großen Wert legen. Diese seien trügerisch und gäben keinen Halt. Die geistliche Empfehlung lautet in diesem Fall, dass man weg von sich selbst und auf den Herrn schauen soll.

So hilfreich dieser Rat auch sein mag - vor allem dann, wenn man im eigenen Seelenchaos hoffnungslos gefangen ist und vor lauter Sturm und Wellen den Blick auf Jesus verloren hat –, so unsinnig kann er sein, wenn er dazu führt, eine echte Auseinandersetzung mit sich selbst zu vermeiden.

Insbesondere die Psalmen der Bibel lehren uns, sich den eigenen Befindlichkeiten zuzuwenden und sich mit ihnen zu beschäftigen. Die Psalmen verhelfen uns zu einer ehrlichen Wahrnehmung unserer Gefühle und lehren uns darüber hinaus, Konflikte mit uns selbst, mit anderen oder mit Gott nicht einfach zu umgehen. Konflikte dürfen sein und Konflikte sollen auch artikuliert werden.

Es empfiehlt sich daher, schon feine Signale unserer Seele wie Unruhe, Ärger oder eine scheinbar grundlos daherfliegende Traurigkeit nicht einfach zu verdrängen, sondern ihnen nachzuspüren. Wenn wir dann Worte finden, um sie vor Gott zu bringen, tragen wir zu einer gesunderhaltenden Psychohygiene bei.

Schauen wir uns nun Psalm 42 an. Die biblische Seelen-Therapie beginnt dort mit achtsamer Selbstwahrnehmung:

Wie der Hirsch schreit nach frischem Wasser,
so schreit meine Seele, Gott, zu dir.
Meine Seele dürstet nach Gott,
nach dem lebendigen Gott.
Wann werde ich dahin kommen,
dass ich Gottes Angesicht schaue?
Meine Tränen sind meine Speise Tag und Nacht,
weil man täglich zu mir sagt: Wo ist nun dein Gott?
Daran will ich denken
und ausschütten mein Herz bei mir selbst:
wie ich einherzog in großer Schar,
mit ihnen zu wallen zum Hause Gottes
mit Frohlocken und Danken
in der Schar derer, die da feiern.
Was betrübst du dich, meine Seele,
und bist so unruhig in mir?
Harre auf Gott; denn ich werde ihm noch danken,
dass er mir hilft mit seinem Angesicht.
Mein Gott, betrübt ist meine Seele in mir,
darum gedenke ich an dich
im Lande am Jordan und Hermon, vom Berge Misar.
Deine Fluten rauschen daher,
und eine Tiefe ruft die andere;
alle deine Wasserwogen und Wellen gehen über mich.

Am Tage sendet der HERR seine Güte,
und des Nachts singe ich ihm und bete zu dem Gott meines Lebens.
Ich sage zu Gott, meinem Fels:
Warum hast du mich vergessen?
Warum muss ich so traurig gehen,
wenn mein Feind mich drängt?
Es ist wie Mord in meinen Gebeinen,
wenn mich meine Feinde schmähen
und täglich zu mir sagen: Wo ist nun dein Gott?
Was betrübst du dich, meine Seele,
und bist so unruhig in mir?
Harre auf Gott; denn ich werde ihm noch danken,
dass er meines Angesichts Hilfe und mein Gott ist.

Psalm 42,2-12

Der Psalm legt die Vermutung nahe, dass der Beter sich weit entfernt vom Tempel in Jerusalem aufhält – vermutlich auf dem Berg Hermon, der im äußersten Norden des Landes liegt, während Jerusalem sich im Süden befindet. Die Entfernung zu Gottes Haus ist also maximal. Vermutlich war es dem Beter nicht möglich, an der Wallfahrt zu den großen Festen in Jerusalem teilzunehmen.

Verständlich, dass seine Sehnsucht danach groß ist. Möglicherweise erinnert er sich an frühere Zeiten, als er sich in großer Gemeinschaft mit anderen auf dem Weg nach Jerusalem befand. Krankheit oder Schwäche hindern ihn jetzt an der Teilnahme. Seine Seele leidet. Er fühlt sich wie vom Leben getrennt.

So schreit er, wie ein Hirsch in dürrem Lande nach Wasser schreit. Er verspürt einen starken Durst nach Gott. So fragt er sich: „Wann werde ich dahin kommen, dass ich Gottes Angesicht schaue?"

Ein weiterer Konflikt tut sich auf. „Tränen sind seine Speise", weil Menschen ihn beständig verspotten: „Wo ist denn nun dein Gott?" Beides, die räumliche Entfernung vom Tempel wie auch der Spott der Menschen, drücken seine Seele nieder. John Stott fasst die Situation des Beters so zusammen: „Leute verlachten ihn wegen seines Glaubens an den lebendigen Gott, während der lebendige Gott, den sie verspotten, gleichgültig und weit entfernt zu sein scheint."[41]

Aufschlussreich ist nun, wie der Beter mit seiner notvollen Situation umgeht. Zunächst spricht er seine Seele direkt an: „Was betrübst du dich, meine Seele, und bist so unruhig in mir?" Bevor er um Gottes Eingreifen bittet, nimmt er seine aufgewühlte, unruhige Seele wahr. Jede Therapie bedarf zuerst der Diagnose. Die Wahrnehmung des eigenen inneren Zustandes ist daher ein erster Schritt zur Heilung.

Im zweiten Schritt erst nimmt der Beter die Gottesperspektive in den Blick. Diese kommt in den Worten zum Ausdruck: „Harre auf Gott, denn ich werde ihm noch danken, dass er meines Angesichts Hilfe und mein Gott ist." Insgesamt gibt er sich diese Antwort zwei Mal und bleibt damit nicht bei seiner Selbstbetrachtung stehen. Auch verfällt er nicht in Selbstmitleid. Er gibt seiner Seele einen Ruck, spricht sie erneut direkt an und fordert sie zum Vertrauen auf Gott auf.

Unsere Seele lässt sich so leicht von dem beeindrucken, was um sie herum vorgeht. So steht sie in Gefahr, sich gehen zu lassen oder sich den Ängsten zu überlassen. Genau das aber soll verhindert werden. Der Psalmbeter macht es uns vor. Gib deiner Seele einen Ruck. Fordere sie dazu auf, auf Gott zu schauen und auf seine Hilfe zu warten. Denn genau das ist mit „Harren" gemeint: beständig und ausdauernd die Hilfe Gottes zu erwarten. Sie hat ihre eigene Zeit und Stunde. Doch sie kommt. Diese Gewissheit kann der unruhigen Seele wieder Ruhe schenken.

So hat es auch der Kaufmann Johann Friedrich Räder erlebt. In einer schlaflosen Nacht des Jahres 1845 schrieb er ein Lied, das später Eingang in das Evangelische Gesangbuch gefunden hat (Nr. 623). Der Hintergrund des Liedes war folgender: Räder hatte sich auf ein riskantes Warengeschäft eingelassen und ihm drohte der Geschäftsverlust. Er hatte sein ganzes Kapital in westindischen Indigo investiert. Diesen Farbstoff brauchte man in den Färbereien in Wuppertal. Allerdings war der Transport unsicher, dazu schwankten die Preise.

Der junge Kaufmann muss eine fromme Seele gewesen sein. Vielleicht hat ihn aber auch die Verzweiflung beten gelehrt. Jedenfalls wurde es ihm leichter zumute, nachdem er sich in dieser schweren Nacht des Jahres 1845 den Kummer betend vom Herzen geschrieben hatte. So verfasste er das bekannte Kirchenlied „Harre, meine Seele". Die Verse gaben ihm Hoffnung und offensichtlich ging die Sache für ihn am Ende gut aus.

Das Lied, das Johann Friedrich Räder in einer dunklen Nacht gedichtet hat, ist nun seit über 170 Jahren für viele Menschen zum Trostlied geworden. Es erinnert daran: „Größer als der Helfer ist die Not ja nicht.“

1) Harre, meine Seele, harre des Herrn!
Alles ihm befehle, hilft er doch so gern.
Sei unverzagt, bald der Morgen tagt,
und ein neuer Frühling folgt dem Winter nach.
In allen Stürmen, in aller Not
wird er dich beschirmen, der treue Gott.

2) Harre, meine Seele, harre des Herrn!
Alles ihm befehle, hilft er doch so gern.
Wenn alles bricht, Gott verlässt uns nicht;
größer als der Helfer ist die Not ja nicht.
Ewige Treue, Retter in Not,
rett auch unsre Seele, du treuer Gott!

6. Die entlastete Seele

Ein erschütternder und gleichzeitig trostvoller Psalm ist Psalm 51. Die Überschrift des Psalms gibt Aufschluss über dessen Hintergrund. Da heißt es: „Ein Psalm Davids vorzusingen. Als der Prophet Nathan zu ihm kam, nachdem er zu Batseba eingegangen war."

Was war geschehen? Der König David hatte, so wird in 2. Samuel 11 erzählt, einst Ehebruch begangen mit der schönen Batseba. Er wollte das - wie sich das scheinbar für einen König gehört - vertuschen. Also gebot er seinem Feldherrn Joab, Uria, den Mann der Batseba, in die vorderste Schlachtreihe zu stellen und ihn dort fallen zu lassen. Das gelang auch. Uria fiel. Batseba hielt die Totenklage. Danach nahm David sie zur Frau und sie gebar ihm einen Sohn. So weit, so gut. Könnte man denken.

Aber so heißt es: „dem Herrn missfiel die Tat, die David getan hatte" (2. Samuel 11,27). „Und der Herr sandte Nathan zu David" (2. Samuel 12,1).

Der Prophet Nathan erzählt David die Parabel vom Armen mit dem einen Schäflein und vom Reichen mit der großen Herde, der sich gleichwohl bereichert am Armen und seinem einzigen Schaf. Das bringt David in Rage. Ihn packt die Wut. Da sagt der Prophet ihm auf den Kopf zu: „Du bist der Mann!" In seiner nachfolgenden „Predigt" erinnert der Prophet den König an seine Verheißung und seine Königswürde. Davids Antwort darauf ist das Bekenntnis: „Ich habe gesündigt gegen den Herrn" (2. Samuel 12,13).

David wusste um sein Unrecht. Davon ist auszugehen. Aber er versuchte es eben zu vertuschen. Erst durch Nathans Mahnrede geht ihm auf, was er getan hat. Die Schuld, die er auf sich geladen hat, betrifft allerdings nicht nur ihn und Batseba. Sie betrifft auch Gott. Es ist eine Verletzung der Ehre Gottes, eine Verletzung des Lebens, der Liebe, eine Verletzung des Gebotes. Das alles geht David durch Nathans Worte auf.

Darauf folgt nun das Bußgebet aus Psalm 51.

Gott, sei mir gnädig nach deiner Güte,
und tilge meine Sünden nach deiner großen Barmherzigkeit.
Wasche mich rein von meiner Missetat,
und reinige mich von meiner Sünde;
denn ich erkenne meine Missetat,
und meine Sünde ist immer vor mir.
An dir allein habe ich gesündigt
und übel vor dir getan,
auf dass du recht behaltest in deinen Worten
und rein dastehst, wenn du richtest.
Siehe, in Schuld bin ich geboren,
und meine Mutter hat mich in Sünde empfangen.
Siehe, du liebst Wahrheit, die im Verborgenen liegt,
und im Geheimen tust du mir Weisheit kund.
Entsündige mich mit Ysop, dass ich rein werde;
wasche mich, dass ich weißer werde als Schnee.
Lass mich hören Freude und Wonne,
dass die Gebeine fröhlich werden, die du zerschlagen hast.

Verbirg dein Antlitz vor meinen Sünden,
und tilge alle meine Missetat.
Schaffe in mir, Gott, ein reines Herz
und gib mir einen neuen, beständigen Geist.
Verwirf mich nicht von deinem Angesicht,
und nimm deinen heiligen Geist nicht von mir.
Erfreue mich wieder mit deiner Hilfe,
und mit einem willigen Geist rüste mich aus.
Ich will die Übertreter deine Wege lehren,
dass sich die Sünder zu dir bekehren.
Errette mich von Blutschuld,
Gott, der du mein Gott und Heiland bist,
dass meine Zunge deine Gerechtigkeit rühme.
Herr, tue meine Lippen auf,
dass mein Mund deinen Ruhm verkündige.
Denn Schlachtopfer willst du nicht,
ich wollte sie dir sonst geben,
und Brandopfer gefallen dir nicht.
Die Opfer, die Gott gefallen, sind ein geängsteter Geist,
ein geängstetes, zerschlagenes Herz wirst du, Gott, nicht verachten.
Tue wohl an Zion nach deiner Gnade,
baue die Mauern zu Jerusalem.
Dann werden dir gefallen rechte Opfer,
Brandopfer und Ganzopfer;
dann wird man Stiere auf deinem Altar opfern.
Psalm 51,3-21

Wir nehmen Teil an einem Gespräch zwischen David und dem heiligen Gott. Es ist ein Beichtgespräch.

Dabei ist interessant, dass David an Gottes Güte appelliert: „Herr, sei mir gnädig nach deiner Güte." Was bleibt einem Menschen, wenn er sein Leben an die Wand gefahren hat? Was bleibt, wenn man jeden Kredit verspielt, seine Glaubwürdigkeit verloren und die Beziehung verloren hat?

David bleibt nicht bei sich selbst stehen. Er verfällt nicht in Selbstmitleid oder gar Entschuldigungen oder Beschwichtigungen. Er wendet sich vielmehr an den barmherzigen Gott. Denn er weiß, dass Gott in seinem Wesen gütig ist. So wirft er sich ihm in die Arme.

Was bleibt uns in aller Schuld, Verzweiflung und in aller Zerbrochenheit anderes als Gott? Er ist die einzige Adresse, bei der wir Güte und nicht Verurteilung, Annahme und nicht Vorhaltungen erwarten dürfen.

Im Hebräischen steht hier das Wort „chesed". Es zählt zu den schönsten Worten der Bibel. Übersetzt wird es mit „Huld", „Güte" oder auch „Gnade". Dieses Wort beschreibt nicht eine Eigenschaft Gottes, sondern sein Wesen! Sein Innerstes. Wir werden diesem Wort noch ausführlicher in Psalm 103 begegnen. In Johannes 1,14 heißt es später: „Das Gesetz ist durch Mose gegeben, die Gnade aber ist in Jesus Christus geworden." Auch hier steht das alttestamentliche „chesed" im Hintergrund. In Christus hat die „chesed" Gottes Gestalt angenommen. Sie ist Person geworden. Da zeigt Gott, wie er wirklich ist. Gottes Herzschlag ist nichts anderes als Güte.

Zu den Besonderheiten der Psalmen zählt, dass Aussagen auf ähnliche Weise wiederholt werden.

Dieses besondere Stilelement findet sich in der hebräischen Sprache häufig und weist darauf hin, dass sich eine Wahrheit nicht nur mit einem Satz, sondern immer mit sich ergänzenden Satzhälften ausdrücken kann.

Und so wird die Aussage „Herr, sei mir gnädig nach deiner Güte" nun durch die parallel formulierte Bitte fortgeführt: „Und tilge meine Sünden nach deiner großen Barmherzigkeit." – Die doppelt formulierte Bitte bringt den Wunsch nach umfassender Hilfe Gottes zum Ausdruck.

Neben der „Güte" kommt deshalb die „Barmherzigkeit Gottes" zur Sprache. „Barmherzigkeit" ist das andere große Wort des Alten Testaments, das Gottes Wesen bezeichnet. Es lautet auf Hebräisch „rächäm" und leitet sich von „ruchama" ab, was Mutterschoß bedeutet. Gott ist in seinem Wesen wie ein Mutterschoß. Im Mutterschoß ist man sicher und geborgen.

Was bedeutet dies nun seelsorgerlich? Sinnvoll mit Schuld kann ich überhaupt nur umgehen, wenn ich weiß, dass Gott gütig und barmherzig ist. Nur wenn ich um dieses innerste Geheimnis seines Wesens weiß, kann ich mich überhaupt an ihn wenden. Wo ich dagegen Strafe erwarte, da kann ich auch die Schuld nicht bekennen.

Der Theologe Michael Beintker schreibt:

> *Wenn keine Barmherzigkeit zu erwarten ist, bleibt nur der Weg der Selbstrechtfertigung. Wo jedoch die Liebe des gekreuzigten Christus zwischen uns und unsere Schuld tritt, können*

wir akzeptieren, dass wir schuldig wurden, weil wir erfahren, dass wir nicht an unserer Schuld gewogen werden.[42]

Die Beziehung zum barmherzigen Gott ist die Grundlage für einen ehrlichen und heilsamen Umgang mit Schuld.

David schaut deshalb nicht auf sich selbst und auch nicht auf seine unheilvolle Vergangenheit. Er bleibt nicht stehen bei seiner Tat und versucht auch nicht, sie zu rechtfertigen. Er wendet sich an den rechtfertigenden Gott und zeigt damit, wie mit Schuld umzugehen ist. Auffallend ist dabei, dass David in der ersten Person Singular spricht. Damit gibt er zu erkennen, dass er zu seiner Schuld steht. David sagt „ich" und bejaht damit seine Schuld. Sünde will bekannt und nicht erklärt werden. Vorausgesetzt ist damit eine echte Schuldeinsicht. David akzeptiert die begangene Schuld als seine eigene. Nur so kann sie ihm am Ende auch vergeben werden.

Wie schwer eine solche Schuldeinsicht bisweilen ist, wird uns täglich vor Augen geführt. Bis ein Mensch an den Punkt kommt zu sagen: „Ich habe gesündigt", ist es oft ein weiter Weg. Viel näher liegt es uns, die Schuld auf andere zu schieben, sie zu bagatellisieren oder sie zu entschuldigen. Dabei geht es bei der Schuldfrage niemals darum, Menschen zu stigmatisieren oder in ihnen ein Gefühl der Scham zu erzeugen.

Das Ziel im Umgang mit Schuld ist und bleibt in jedem Fall die Vergebung. Vergebung aber hebt die Trennung auf, die durch die Schuld zwischen Mensch und Mitmensch, zwischen Mensch und Gott und auch zwischen dem Menschen und seinem eigenen Selbst entstanden ist. Vergebung lässt den Sünder wieder zu sich selbst und auch zu Gott finden. Vergebung geht immer vom barmherzigen Gott aus.

Leidenschaftlich wendet sich David deshalb an das große „Du" Gottes. Appelle wie „entsündige mich", „wasche Du mich", „tilge meine Missetat" oder auch „schaffe in mir ein neues Herz" unterstreichen nur die Dringlichkeit seines Anliegens. Es geht dabei um nicht weniger als eine Neuschöpfung.

Vergebung ist im biblischen Kontext gerade deshalb so einzigartig und besonders, weil sie eben nicht nur ein Verzeihen oder Übersehen von Schuld ist. Schuld will tatsächlich getilgt, d. h. ausgelöscht und damit vernichtet werden. Vergebung trennt den Sünder daher restlos von seiner Sünde. Der Ort, an dem dies geschieht, ist das Kreuz Jesu Christi. Wo ein Mensch seine Schuld am Kreuz ablegt, wird sie ihm abgenommen. Die Seele wird frei. Verschlossenheit löst sich. Herz und Mund öffnen sich zum Lob Gottes. David wird am Ende zu einem Botschafter der Gnade: „Ich will die Übertreter deine Wege lehren, dass die Sünder sich zu dir bekehren" (V. 15).

Die das Thema abschließende Frage bleibt, wo wir heute Wege und auch Orte zur Entlastung der Seelen finden. Im katholischen Bereich gibt es die Beichte, die allerdings selbst von Katholiken immer weniger wahrgenommen wird. In der evangelischen Kirche kennen wir das Sündenbekenntnis, das zu Beginn des Gottesdienstes oder auch im Zusammenhang mit dem Abendmahl gesprochen wird. Doch auch dieses wird von vielen eher als störend und eher moralisierend empfunden. So wie es ein Gottesdienstbesucher einmal mit den folgenden Worten ausdrückte: „Wer will schon am Beginn des Gottesdienstes gleich runtergemacht werden?"

Die Vermeidung, im Gottesdienst und auch sonst in der christlichen Verkündigung von Sünde zu reden, hat theologische, geistliche und auch psychologische Folgen. Wenn es denn keine Sünder mehr gibt, wozu brauchen wir dann noch das Evangelium? Der Sinn eines Gottesdienstes kann nicht sein, ein „Ich bin okay, du bist okay" zu vermitteln. Der Sinn eines Gottesdienstes liegt darin, den Menschen das Evangelium zu sagen. Das Evangelium aber kann von Gottesdienstbesuchern nur dann recht aufgenommen werden, wenn ihnen auch ihre Schuld aufgezeigt und bewusst wird. Das Evangelium als Botschaft von der freien Gnade Gottes zielt auf Vergebung und Umkehr. Diese soll in einem Gottesdienst immer wieder neu gepredigt und dann auch erbeten und vollzogen werden.

Schuldigwerden, so sagt es Peter Zimmerling, ist ein Kennzeichen des Humanum und gehört deshalb zum Leben, auch zum Leben eines Christen, notwendigerweise dazu. Menschsein wird daher dort ernst genommen, wo ich zu meiner Schuld stehen kann. „Eine Leugnung, Bagatellisierung oder Verdrängung meiner Schuld würde demgegenüber eine Missachtung meines Menschseins bedeuten. Das Eingeständnis des Sünderseins wahrt den Unterschied zwischen Schöpfer und Geschöpf."[43]

Die Rede von Schuld und Sünde bedeutet daher keinesfalls eine Abwertung, sondern vielmehr eine Aufwertung des Menschen. Sie gibt ihm seine Verantwortlichkeit für sein Tun und Lassen und damit seine Würde zurück. Psychologisch gesehen ist das Eingeständnis der eigenen Schuld ein Zeichen menschlicher Reife.

Es ist daher höchste Zeit, dass wir als Kirche einem psychologisierenden Schuldverständnis, das nur noch von Schuldgefühlen spricht, den Abschied geben und zu einem biblischen Umgang mit Schuld zurückkehren. Dieser macht den Menschen nicht klein, sondern groß. Dieser zerstört ihn nicht, sondern macht ihn heil.

Konkret kann diese in gemeindlichen Angeboten zur Beichte bestehen. So haben wir auf Konfirmandenfreizeiten und bei Glaubensgrundkursen gute Erfahrungen damit gemacht, dass die Teilnehmer einen persönlichen Schuldbrief verfasst und ihn schließlich ans Kreuz geheftet haben. Aber auch an das Angebot der Einzelbeichte darf neu erinnert werden. Dazu gilt es, Räume und Gelegenheiten zu schaffen.

Eine gute Erfahrung diesbezüglich durfte ich während der harten Lockdownphase inmitten der Pandemie machen. Während eines bestimmten und öffentlich kommunizierten Zeitfensters stellte ich mich im Kirchenraum zu Gespräch, Segen und Gebet zur Verfügung. Überraschend war für mich nicht nur, dass überhaupt Leute kamen, sondern auch, wer kam.

Menschen, von denen ich es nie erwartet hätte, suchten Entlastung. Die Sehnsucht danach war größer, als ich vermutet hatte.

Die Beichte ist ein heilsames Angebot Gottes an Menschen, die etwas loswerden wollen. Sie empfangen den Zuspruch der Vergebung und gehen entlastet ihren Weg. Wie heilsam und befreiend die Vergebung Gottes sein kann, will das abschließende Beispiel des Kirchenvaters Hieronymus verdeutlichen:

> *Als junger Mann hatte Hieronymus in der Wüste Chalcis im heutigen Syrien versucht, ein Eremitenleben zu führen. Dieser Versuch war jedoch nicht besonders erfolgreich. Hieronymus wurde depressiv und es zeigte sich, dass er in einem so jungen Alter noch nicht zu einem solchen Leben berufen war.*
>
> *Als er auf dem Tiefpunkt seiner Niedergeschlagenheit angekommen war, soll ihm Jesus erschienen sein. Hieronymus fiel sofort auf seine Knie und schlug sich mit einer gewaltigen Geste auf die Brust. Jesus lächelte ihn vom Kreuz aus gütig an und fragte: „Hieronymus, was schenkst du mir?" Hieronymus war überglücklich und wie aus der Pistole geschossen kam seine Antwort: „Alles, Herr, vor allem die Einsamkeit der Wüste, die mir so hart zusetzt."*
>
> *Der Herr dankte ihm freundlich und fragte nochmals: „Und was hast du mir noch anzubieten, Hieronymus?" Ohne sich besinnen zu müssen, antwortete er: „Mein Fasten, meinen*

Hunger und Durst", und er fügte noch hinzu, dass er vor Sonnenuntergang nichts zu sich nähme.

Der Gekreuzigte drückte wiederum seinen Dank und sein Mitgefühl aus, hatte er selbst ja einige Erfahrung mit dem Fasten in der Wüste gemacht. Doch er fragte weiter: „Was gibst du mir noch?" Hieronymus blieb die Antwort niemals schuldig, zuweilen wurde er sogar redselig: seine Nachtwachen, das Psalmengebet, die Schriftlesung.

Jedes Mal dankte der Gekreuzigte mit einem Lächeln, hörte aber nicht auf, seine Bitte zu wiederholen. Hieronymus brachte es fertig, immer neu Antworten zu finden: „Den Zölibat, den ich, so gut ich kann, lebe; den Mangel an Bequemlichkeit an diesem öden Ort, die Hitze des Tages und die Kälte der Nacht."

Doch schließlich kam er ans Ende seiner Weisheit und streckte die Waffen, aufs Äußerste frustriert, weil der Herr immer noch nicht zufrieden war mit solch einer eindrucksvollen Liste seiner heroischen Opfer. Dann aber wurde es sehr still in seiner Klause und in der ganzen Wüste von Chalcis, als Jesus voll Liebe auf Hieronymus schaute und sagte: „Eines hast du vergessen, Hieronymus; gib mir auch deine Sünden, damit ich sie dir vergebe."[44]

Gott vergibt gerne. Wir sollten ihn und uns selbst dieser Freude nicht berauben.

7. Die getröstete Seele

Wir Menschen sind trostbedürftig. Von Anfang an. Das kleine Kind, das nach der Mama ruft, ist genauso trostbedürftig wie der Teenager, der den ersten Liebeskummer zu verkraften hat. Trostbedürftig ist der Pfarrer oder der Lehrer, der von seinen Schülern geärgert wird. Trostbedürftig ist auch der Teilnehmer bei Olympia, der als Favorit ins Rennen gegangen ist und am Ende nur den vierten Platz erzielt hat. Trostbedürftig sind Kinder, wenn sich die Eltern trennen. Trostbedürftig ist der DSDS-Star, wenn ihm keine Karriere blüht. Trostbedürftig ist der Geschäftsmann, der seine Probleme nicht mehr überblickt und sich sein „Trösterle" im Alkohol sucht.

Wir sind trostbedürftig. Und so trösten wir uns selbst mit diesem und jenem. Besonderes Trostpotenzial bietet die Musik. Elton John setzte sich ans Klavier. Nicht für die Massen bei einer seiner spektakulären Welttourneen, nicht in einer gigantischen Konzerthalle, nicht bei einem vor Lebensfreude strotzenden Musikfestival. Er spielte für einen einzigen Menschen, in einer Kirche, in der Westminster Abbey, und Elton John sang vom Tod dieses Menschen.

Das Lied bewegte Millionen. Es ist das Requiem für Lady Diana, der Princess of Wales. Elton John löste mit diesem Song eine unglaubliche Gefühlswoge aus. Unzählige fühlten sich getrötet. Aber es war ein Trost ohne Gott. Ein Trost ohne Hoffnung. „Wie eine Kerze im Wind ..."

Trost wurde in unserer Gesellschaft säkularisiert. Man erlebt ihn, wo man sich durch Emotionen mit der großen Masse verbunden weiß. Er äußert sich im gemeinsamen Schwingen von Feuerzeugen oder dem Niederlegen von Blumen. Doch ist das echter Trost? Ist Trost nicht mehr als ein schönes Gefühl?

Die christliche Sängerin Thea Eichholz stellt sich die Frage, was tröstet, und dichtet dann:

Was tröstet mich?

Neue Schuhe, neue Taschen,
ne Schokolade komplett vernaschen,
ein Ehering, ein Kind im Arm,
ein Feuer am Kamin, schön warm,
mit süßem Honig eine Tasse Milch,
ein Schnulzenfilm von Rosamunde Pilch(er)
ein heißer Urlaub auf Hawaii,
ein Konzert von Bono oder Reinhard Mey!

Was tröstet mich,
macht mich mutig für mein Morgen?
Was tröstet mich,
ein Mittel gegen all das Sorgen?
Was tröstet mich,
schickt mir ein Lächeln bis ins Herz,
das sich so oft nur reimt
auf Trauer, Terz und Schmerz?
Was tröstet mich?
Hilft wieder auf die Beine?
Was sagt mir: Du bist nicht alleine?

Ein schweres Gipfelkreuz erklimmen,
mit Endorphinen sich froh trimmen,
ein heißer Kuss von fremden Lippen,
ein Kick beim Sprung von hohen Klippen,
ein Ave-Maria, ein Kindergebet,
ein Trip ins Land, wo Buddha steht,
ne Begegnung mit dem Dalai Lama,
ein Blick auf andre und ihr schlimmres Drama.

Was tröstet mich …

So viel verspricht mir Trost auf Dauer.
So viel in mir liegt auf der Lauer
und hofft, dass alles besser wird.
Was muss ich mir nicht übermorgen
voll Mühe wieder neu ausborgen,
bis sich die Traurigkeit verliert?
Sag, welcher Trost hat dich noch nie betrogen?
Sag, welcher Trost ist nicht so schnell verflogen?

Was tröstet mich …

Diese Frage verlangt nach einer Antwort. Wir versuchen, sie mit den Worten des 73. Psalms zu geben:

Dennoch bleibe ich stets an dir; denn du hältst mich bei meiner rechten Hand, du leitest mich nach deinem Rat und nimmst mich am Ende mit Ehren an. Wenn ich nur dich habe, so frage ich nichts nach Himmel und Erde. Wenn mir gleich Leib und Seele verschmachtet, so bist du doch, Gott, allezeit meines Herzens Trost und mein Teil.

Psalm 73,23-26

Psalm 73 scheint zunächst alles andere als ein Trostpsalm zu sein. Zu viel ist von Anfechtung, Feinden und persönlich erfahrenem Unglück die Rede. Ganz ähnlich wie bei Hiob zerbricht beim Beter des Psalms die Gleichung von Glauben und Wohlergehen. Obwohl der Beter sich an Gott hält, ist das Leben für ihn voller Widersprüche.

Was soll also der Glaube, wenn er für das Leben keine positiven Wirkungen besitzt? Die Frage wird umso bedrängender, da sich der Beter keiner eigenen Schuld bewusst ist. Was tröstet, wenn der Glaube mit so widersprüchlichen Erfahrungen verbunden ist? Was bleibt, wenn sich das Leben so ganz anders entwickelt, als es die großen Zusagen Gottes versprechen?

Psalm 73 lehrt uns, dass mitten in all den widersprüchlichen Erfahrungen und inmitten aller Anfechtungen eine große und trostvolle Erkenntnis zu gewinnen ist. Der Theologe Helmut Lamparter sagt es mit Blick auf Psalm 73 so: Hier spricht ein „Seelsorger, der Anfechtungen kennt und die befreiende Erkenntnis, die ihm selbst nach langem, schmerzlichem Bemühen geschenkt wurde, mitteilen möchte".[45] Lamparter weist darauf hin, dass inmitten aller Trostlosigkeit eine Erfahrung von Trost aufleuchten kann, die nicht von dieser Welt ist. Es ist Trost, den wir uns nicht selbst geben können und den auch kein anderer Mensch uns geben kann. Denn die Erfahrung von Trost ist immer auch eine Erfahrung Gottes.

Am Ende des Psalms steht daher dieses kräftige Bekenntnis: „Dennoch bleibe ich stets an dir." Das Adverb „dennoch" bedeutet so viel wie „trotz allem" oder auch „ungeachtet von" und bringt zum Ausdruck, dass es eine Realität jenseits der herrschenden Umstände gibt.

Interessant ist nun, an welcher Stelle der Psalmbeter dieser anderen, neuen und größeren Realität innewird. Solange er nur die Umstände im Blick hat, bleibt sie seiner Wahrnehmung verborgen. Erst als er sich in den Tempel, das Heiligtum Gottes, begibt, schenkt sich ihm die neue Einsicht: „Ich ging in das Heiligtum Gottes und merkte auf ihr [der Frevler] Ende" (V. 17).

Der Perspektivwechsel von der Trostlosigkeit zum Trost geschieht nicht automatisch. So wenig die Zeit automatisch Wunden heilt, so wenig stellt sich Trost von alleine ein. Der Psalmbeter sucht das Heiligtum Gottes auf. In der Begegnung mit Gott ändert sich schließlich auch der Blick auf das eigene Leben.

Gerade in Zeiten der Krise, der Anfechtung und des Leides bedürfen wir dieses Blickwechsels in besonderer Weise. Vor einiger Zeit hatten wir als Familie eine schwere Zeit. Unser sechstes Enkelkind Jakob war mit einem schweren Herzfehler auf die Welt gekommen. Die Ärzte prognostizierten, dass man Jakob mit drei Herzoperationen helfen könnte, ein einigermaßen normales Leben zu führen. Das gab uns die Perspektive, dass alles doch irgendwie zu schaffen sei.

Doch es kam anders. Trotz ärztlicher Kunst und großem Einsatz traten immer neue Schwierigkeiten auf und der Umbau des Herz-Lungen-Kreislaufes konnte nicht wie gewünscht erfolgen. Nach vier Monaten, die Jakob ausschließlich auf der Intensivstation - die meiste Zeit mit seinen Eltern - zugebracht hatte, verstarb er. Mit Singen, Beten und Segnen begleiteten wir ihn die letzten Stunden seines Lebens auf dieser Welt.

Bei der anschließenden Beerdigung erfuhren meine Tochter und ihre Familie die bewegende Anteilnahme der ganzen Gemeinde. Es war ein großer Segen. Besonders trostvoll und bis heute für mich unvergessen aber waren die Worte, die Jakobs sechs Jahre alter Bruder mir zusprach: „Opa, du musst nicht traurig sein. Jakob ist jetzt im Himmel und bekommt dort einen neuen Körper. Ich glaube, im Himmel gibt es ganz viele Lego-Bausteine, mit denen Jakob nun den ganzen Tag spielen kann."

Noah lenkte meinen Blick vom Grab auf den Himmel. Und schenkte damit wohl den größtmöglichen Trost, den man überhaupt geben kann. Mit seinen Worten und auf seine Weise hatte Jakobs Bruder das „Dennoch des Glaubens" zum Ausdruck gebracht.

Dieses „Dennoch" ändert die Umstände nicht und machte auch Jakob nicht wieder lebendig. Aber es vermittelt eine Perspektive, die jenseits der Umstände liegt. Und genau darin liegt der Trost. Nicht immer kann man dieses „Dennoch" im Brustton der

Überzeugung mitsprechen. Manchmal mag es einem nur zaghaft über die Lippen kommen.

Das „Dennoch" des 73. Psalms bedeutet inhaltlich, dass Gott das unverlierbare Teil ist und bleibt. Im Hintergrund steht die alttestamentliche Vorstellung des unverlierbaren Erbteils, also eines Stückes Land, das von Generation zu Generation weitergegeben wird. Dieses unverlierbare Erbteil identifiziert der Psalm mit Gott selbst. Gott ist das bleibende Land bzw. Erbe, das einem durch nichts und niemanden, auch nicht durch den Tod, genommen werden kann.

Hier zeigt sich, was unseren Glauben im Kern ausmacht. Es ist die unverlierbare, unverbrüchliche und unvergängliche Beziehung zu Jesus Christus. Dabei sind es nicht wir, die Jesus festhalten. Er hält uns. Weder subjektiv empfundene Glaubensstärke noch einmalig getroffene Glaubensentscheidung vermitteln diesen Trost. Es ist vielmehr seine Treue. Diese lässt nicht los. Sie bleibt. Das deutsche Wort Trost hängt zusammen mit dem Wortstamm „treu", was so viel bedeutet wie „von innerer Festigkeit sein". Trost festigt und stabilisiert die Seele. „Denn du hältst mich bei meiner rechten Hand." Wirklicher Trost kommt also von Gott.

Was aber bleibt in einer säkularisierten Welt an Trost, wenn ich nicht mit der Ewigkeit rechne? Es bleiben nur die Kerzen. Die öffentlichen Trauerrituale. Diese haben durchaus ihren Sinn und doch sind sie nur „Kerzen im Wind". Wo wir die Hoffnung auf die Ewigkeit verlieren, verlieren wir zuletzt auch den Trost. Ewigkeit ist ein Überschuss an Trost.

Ewigkeit ist das, was heute schon herüberstrahlt in meine Trostbedürftigkeit.

Ewigkeitstrost ist daher alles andere als ein Abschütteln oder Verdrängen von Leid. Ewigkeit ist auch etwas anderes als ein billiges Vertrösten. Ewigkeit heißt: Ich kann das Heute aushalten, auch wenn es schwer ist. Denn ich weiß um eine alles überstrahlende Zukunft. Wer um die Ewigkeit weiß, sieht mitten in der Verschlossenheit des Leides eine offene Tür, durch die Licht einfällt.

Sagen wir es mit den Worten des Psalms: Leib und Seele mögen verschmachten. Am Ende aber bleibt Er „meines Herzens Trost und mein Teil". Gott selbst ist unser Trost.

8. Die sich an Gott freuende Seele

„Die Seele ernährt sich von dem, worüber sie sich freut." Dieser häufig zitierte Spruch des Kirchenvaters Augustinus bringt auf den Punkt, was viele empfinden. Freude ist eine unverzichtbare Nahrung für unsere Seele. So wie der Körper auf Vitamine angewiesen ist, so bedarf die Seele der Lebensfreude. Eine Seele, die sich freut, blüht auf.

Schaut man in die Psalmen, so entdeckt man eine Vielzahl von Anlässen zur Freude. Im Vordergrund steht dabei immer das Handeln Gottes. Seine Taten in Schöpfung und Geschichte sind ebenso Anlass zur Freude wie die Erfahrung seiner Hilfe im persönlichen Leben. Auch sein Wort weckt Freude, die Vergebung und nicht zuletzt die Gemeinschaft der Gläubigen. Die größte Quelle der Freude ist allerdings Gott selbst. In Psalm 84,3 heißt es:

> *Mein Leib und Seele freuen sich in dem lebendigen Gott.*

Gottes Nähe, seine Gegenwart, die im Jerusalemer Tempel erlebbar ist, ist der Grund der Freude. Gott ist dem Beter das höchste Gut. Wie ein Vogel in einem Nest weiß er sich bei ihm geborgen. In seiner Nähe öffnen sich Herz und Mund. Gott ist ihm Stärke und Quelle in dürren Zeiten. Segensspender und Kraft, Schutzschild und Wohnstätte. Er weiß, dass auf ihn Verlass ist. Mit ihm ist der Beter „per Du". Psalm 84 ist ein eindrückliches Zeugnis, wie ein frommer Mensch Gott selbst und nicht nur seine Gaben liebt.

Wie aber finden wir zu dieser Freude an Gott? Freude stellt sich ja nicht auf Befehl ein. Man kann sie nicht erzwingen. Letztlich ist sie unverfügbar. Die Freude bleibt ein Geheimnis. Dennoch kann man einiges dazutun. Wie ein Gärtner seinen Garten pflegt, den Boden lockert, das Unkraut entfernt, die Pflanzen begießt und in alldem der heranwachsenden Blütenpracht entgegensieht, so ist es auch mit der Freude. Das Wachstum lässt sich zwar nicht erzwingen, doch kann man ihm den Boden bereiten. Genau dem wollen wir im Folgenden auf die Spur kommen.

Jesus anschauen

In Andachten und Predigten bekommt man immer wieder zu hören: „Mach es doch wie Jesus." Oder: „Mach es doch wie Maria, die dem Herrn vertraute." Oder auch: „Mach es doch wie die Hirten, die anbetend auf ihre Knie fielen." Die Erzählungen über Jesus und seine Nachfolger damals werden uns auf diese Weise als Vorbild für uns heute vor Augen gestellt.

Nun hat es seinen Sinn, wenn Predigten konkret sind und einen zum Handeln auffordern. Dennoch entsteht bei dieser Art zu predigen ein Problem. Dem Predigthörer bleibt die Aufgabe, die Worte Jesu in seinem eigenen Alltag umzusetzen. Das Evangelium, das doch eine frohmachende Nachricht ist, wird damit zum Appell an den Hörer. Es wird zur Forderung. Der Gabe-Charakter des Evangeliums wird übersehen.

Luther konnte sagen, dass wir Christus nicht als „exemplum" (Beispiel), sondern als „donum" (Gabe) predigen sollen. Er meinte damit, dass wir zuerst darüber predigen müssten, wer Christus für uns ist und was er für uns tut, bevor wir darüber nachdenken, was wir zu tun haben und welche Konsequenzen zu ziehen sind. Wo Christus nicht als Gabe gepredigt wird, kann das Evangelium nicht mehr gehört werden. Der Freude wird die Türe zugeschlagen. Christus ist die Gabe Gottes an uns Menschen.

Diese Gabe ganz schlicht anzuschauen, kann ein Weg zur Freude sein. Die Hirten blieben anbetend beim Jesuskind stehen. Sie schauten, staunten und waren bald schon von Freude ergriffen. Maria nimmt wahr, wie Gott sie angesehen, „begnadet" hat. Darüber wird ihre Seele froh. Im Gleichnis findet ein Mann einen Schatz in seinem Acker und in seiner Freude darüber verkauft er seinen ganzen Besitz. Immer ist es die Gabe und nicht das Exemplum, die zur Freude führt. Fragen wir daher beim Bibellesen nicht zuerst, was wir tun sollen, schauen wir vielmehr die Gabe an.

In den zahlreichen Begegnungsgeschichten des Neuen Testaments lässt sich dies leicht einüben. Wir sehen in der Zachäusgeschichte, wie ein korrupter Zöllner von Jesus reich beschenkt wird. In vielen anderen Geschichten sehen wir, wie Jesus sich den Menschen liebevoll zuwendet. In seinen Wundergeschichten können wir erkennen, wie er Menschen nicht nur gesund oder satt macht, sondern dass er selbst die Gabe ist.

Das Anschauen von Jesus in den Evangelien kann damit ein erster Schritt zur Freude an Gott werden. Ihm zuzuschauen, ihm zuzuhören und uns mit all unserer Vorstellungskraft in die Geschichten hineinzubegeben, kann dazu beitragen, dass die Freude in uns geweckt wird.

Sich Jesus hingeben

Ein weiterer Weg zur Freude an Gott besteht in der Hingabe an Jesus. Hingabe ist dabei ein großes und leider oft auch missverstandenes Wort. Manch einer gesteht verzweifelt ein, dass er sich doch schon oft Gott hingegeben habe. In seiner Sehnsucht nach Gott habe er sich ihm immer wieder anvertraut. Doch nie habe er dabei zur Freude gefunden.

Wer sich in einer solchen Situation befindet, dem helfen Appelle zu ernsthafterer Meditation nicht weiter. Auch Durchhalteparolen wie etwa: „Bleib dran und du wirst merken, wie die Freude sich einstellt", sind hier fehl am Platz. Der Weg zur Freude führt nicht über die Anstrengung, sondern über das Ehrlich-Sein. Hingabe an Jesus hat daher sehr viel mit ehrlicher Selbstwahrnehmung zu tun.

Für mein eigenes Leben ist es mir wichtig geworden, Jesus nichts vorzumachen, sondern mit allem, was in mir ist, was mich bewegt, was mir schwerfällt, in meiner Schwäche und Unzulänglichkeit zu ihm zu kommen. Ich mache mich nicht zurecht vor ihm. Ich bringe ihm kein künstliches oder abstraktes Ich. Vielmehr komme ich mit meinem wirklichen Ich vor ihn. Dazu gehören auch mein falsches Begehren, meine Angst und meine Selbstbezogenheit.

Wer sich Jesus nicht auch mit seinen Schattenseiten ausliefert, wird sich nicht ändern, sondern wird bleiben, wie er ist. Wer aber vor Gott ehrlich wird, wird die Erfahrung machen, dass er sich ihm zuwendet. Ich denke dabei an den verlorenen Sohn. Ehrlich gibt er seine Schuld zu. Der Vater aber läuft ihm entgegen und nimmt ihn in die Arme. Am Ende feiern sie ein Fest. Wo meine Bedürftigkeit auf Gottes Barmherzigkeit trifft, kommt die Freude zum Durchbruch.

Sich an der Schöpfung freuen

Psalm 104 zählt zu den schönsten Schöpfungspsalmen der Bibel. Nachdem in den ersten Versen (1-9) das Lob des Schöpfers erklingt, werden in den folgenden Abschnitten der Reichtum und die Vielfalt der Schöpfung beschrieben. Das hört sich dann so an:

Du lässest Brunnen quellen in den Tälern,
dass sie zwischen den Bergen dahinfließen,
dass alle Tiere des Feldes trinken
und die Wildesel ihren Durst löschen.
Darüber sitzen die Vögel des Himmels
und singen in den Zweigen.

Du tränkst die Berge von oben her,
du machst das Land voll Früchte, die du schaffest.
Du lässest Gras wachsen für das Vieh
und Saat zu Nutz den Menschen,
dass du Brot aus der Erde hervorbringst,
dass der Wein erfreue des Menschen Herz
und sein Antlitz glänze vom Öl
und das Brot des Menschen Herz stärke.
Die Bäume des HERRN stehen voll Saft,
die Zedern des Libanon, die er gepflanzt hat.
Dort nisten die Vögel,
und die Störche wohnen in den Wipfeln.
Die hohen Berge geben dem Steinbock Zuflucht
und die Felsklüfte dem Klippdachs.

Hier nimmt einer staunend wahr. Er ist davon fasziniert, wie Gott die Schöpfung für Mensch und Tier eingerichtet hat und die Schöpfung somit für beide einen Raum zum Leben bietet. Die Ströme, die die Täler durchfließen, bieten den Tieren Wasser. Der Regen bewässert Berge und Bäume. Die Erde bringt Nahrung für Mensch und Tier hervor. Sogar der Genuss des Weines wird erwähnt, der des Menschen Herz erfreut. Auch für die Tiere ist gesorgt. Die Berge bieten dem Steinbock Schutz. Die Bäume geben Vögeln ein Zuhause. Im gläubig staunenden Wahrnehmen der Schöpfung erkennt der Beter darin Gottes Fürsorge. Die Schöpfung wird ihm zur Gabe. Sie ist geschenkter Lebensraum und Lebensmöglichkeit für Mensch und Tier („du lässest").

Wir modernen Menschen müssen den Gabe-Charakter der Schöpfung neu sehen lernen. In der Schöpfung teilt Gott sich uns Menschen mit. Oswald Bayer spricht im Anschluss an Martin Luther von des „Schöpfers Anrede“ an uns Menschen. Gott spricht nicht allein durch das Wort der Bibel, sondern auch durch das Buch der Natur. Im Lesen dieses Buches kann uns das Herz weit werden. Wir sehen die Großzügigkeit des Schöpfers, seine Fantasie, seinen Reichtum und nicht zuletzt seine Schönheit. Die Wahrnehmung der Schöpfung lässt die Seele aufleben.

Einen der schönsten „Schöpfungshymnen“ finden wir im Evangelischen Gesangbuch. Paul Gerhardts Sommerlied „Geh aus, mein Herz, und suche Freud“ (Nr. 503) zählt wohl zu den bekanntesten und beliebtesten seiner Choräle. Seit Kindheitstagen ist mir dieses Lied mit seiner hellen Melodie und seinem frohen Ton vertraut. Der Hintergrund seiner Entstehung ist dagegen ernst.

Als das Lied entstand, war der Dreißigjährige Krieg gerade mal seit fünf Jahren vergangen. Gerhardt war zu der Zeit Pfarrer in Mittenwalde, südlich von Berlin. Infolge von Krieg und Pest waren viele seiner Gemeindeglieder verstorben. In beinahe jeder Familie begegneten ihm Schmerz und Trauer. Er selbst hatte seinen älteren Bruder und dessen Tochter verloren. Auf dem Land herrschte bittere Armut, da es zu wenig Menschen gab, die das Land bebauen konnten.

Die Entstehungssituation des Liedes war also alles andere als Freude erweckend. Dennoch findet Gerhardt zur Freude. In insgesamt fünfzehn Strophen führt er den Reichtum von Gottes Schöpfung vor Augen.

Geh aus, mein Herz, und suche Freud
in dieser lieben Sommerzeit
an deines Gottes Gaben;
schau an der schönen Gärten Zier
und siehe, wie sie mir und dir
sich ausgeschmücket haben,
sich ausgeschmücket haben.

Jeder einzelne Vers ist voll von Sinneseindrücken, die Gerhardt in der Schöpfung sammelt. Die blühenden Blumen, die belaubten Bäume, die Vögel, die Bienen, die Tiere des Waldes, Berg, Hügel, Tal und Felder. In allem und jedem umarmt ihn die Güte des Schöpfers.

Auch wenn wir heute angesichts von Klimawandel, Dürre und Naturkatastrophen die Schöpfung vor allem als bedroht wahrnehmen, kann uns dieses Lied die Augen öffnen und einen Blick schenken, der uns vielfach verloren gegangen ist. In der Schöpfung zeigen sich nicht nur Tod und Zerstörung. Die Schöpfung ist auch wunderschön. In ihr zeigt sich eine Vielfalt an Farben, Gerüchen und atemberaubenden Sinneswahrnehmungen. Man braucht allerdings Augen, um diese Schönheit zu entdecken, und Ohren, um sie zu vernehmen.

Luther konnte sagen, dass wir Menschen blind für die Schönheit und taub für die Stimme der Schöpfung sind. Die ganze Welt, so Luther, ist „voll Bibel". So spricht der Schöpfer uns an durch „Narzissus" und die „Tulipan“, durch den emporwachsenden Weizen oder die singende Nachtigall.

Das Besondere an Paul Gerhardts Schöpfungswahrnehmung ist, dass ihm die Welt zum Gleichnis wird. Gerhardt war in der christlich-mittelalterlichen Symbolsprache zu Hause. So denkt er beim Wort „Schwalbe“ (Strophe 4) nicht nur an das gefiederte Tier, sondern daran, dass dieser Vogel als ein Bild für Christus verstanden wurde. „Das Schwälblein, das die Jungen speist“ wird somit zur Metapher für Christus, der sich unablässig um sein Volk kümmert.

Ähnliches gilt für den Storch, der sein Haus bewohnt und baut. Auch er wird zum Bild für Christus, der seine Gemeinde baut und bewahrt. Ebenso der Hirsch und das leichte Reh, die aus der Höhe ins tiefe Tal hinabspringen. Sie stehen für Christus, der seine himmlische Wohnung verlassen hat und in die Tiefe unseres Menschseins hinabgestiegen ist.

Gerhardts Schöpfungssymbolik ist uns heute fremd. Und doch können wir daran anknüpfen. Es ist nicht schwer, die geistliche Symbolkraft eines Brunnens, einer Quelle oder eines Baches zu entdecken. Jeder Sonnenaufgang und jeder Sonnenuntergang, jeder Regenbogen und jede Lichtung, die vorbeiziehenden Wolken und die Schönheit einer Rose zeigen uns, dass Gott die Treue zu seiner Welt noch nicht aufgekündigt hat. Solche Erfahrungen und die damit verbundenen Bilder lassen sich dann auch im Herzen abspeichern – selbst mitten im Kummer. Herz und Seele nähren sich an dem, woran sie sich (noch) freuen können.

In der dreizehnten Strophe des Liedes heißt es dann: „Hilf mir und segne meinen Geist, mit Segen, der vom Himmel fleußt, dass ich dir stetig blühe." Aus der Betrachtung des blühend-reichen Lebens in der Schöpfung entsteht nun der Wunsch, selbst blühend zu leben. Paul Gerhardt weiß wohl, dass dieses blühende Leben unverfügbar ist. Gott selbst muss dazu Gnade schenken. Eine Seele, in der sich der Wunsch regt aufzublühen, hat den ersten Schritt zur Freude schon getan. Diese Seele öffnet sich dem Guten, das Gott für sie in seiner Schöpfung und mitten im Leben bereithält.

9. Die lobende Seele

Wem ist schon nach Loben zumute? Die Verhältnisse sind nicht so. Wen oder was soll man angesichts der täglichen Nachrichten loben? Die neue Regierung? Das Krisenmanagement der Regierung? Soll man die eigenen Lebensumstände loben? Sie zu beklagen und zu bejammern, liegt uns sehr viel näher.

Die Psychologin Elisabeth Lukas sagte 2020, wie weiter vorn beschrieben: „Die Pandemie nährt allerorts ein beklemmendes Gefühl der Unsicherheit. Der Boden unter unseren Füßen scheint zu wanken. Gibt es irgendwelche Haltegriffe fürs Gemüt?“[46] Im Anschluss an ihren psychologischen Lehrer Viktor Frankl schlägt Lukas dann einen Perspektivenwechsel vor. Die Krise will uns daran erinnern, dass nichts selbstverständlich ist und war. Sie kann uns dankbar stimmen für das, was gewesen ist:

> *Wir haben hier in Mitteleuropa rund 70 ausgezeichnete Jahre hinter uns. Es waren Jahre ohne gravierende Katastrophen, grassierende Hungersnöte, Kriegswirren, Vertreibungen usw. Also bei allen Schwankungen des Wohlstandes: Das Bildungsniveau, die Besitztümer und die Lebenserwartung sind bei uns gestiegen. Die gegenwärtige Lage erinnert daran, dafür zutiefst dankbar zu sein und das Wissen aufzufrischen, dass nichts selbstverständlich ist.*[47]

Wer seine Perspektive ändert, konzentriert sich nicht auf das, was defizitär ist. Vielmehr rückt er das in den Mittelpunkt, was an Gutem - trotz allem - da ist und was an Gutem schon geschehen ist. Geistlich ausgedrückt: Während die Klage den Blick auf die gegenwärtige Not richtet, schaut das Lob zurück auf die erfahrenen Wohltaten Gottes. Die gegenwärtigen Krisen nötigen uns dazu, einen Perspektivwechsel vorzunehmen. Schauen wir nur auf das, was fehlt und was uns vorenthalten wird? Sehen wir nur die Bedrohung und sind am Ende wie ängstlich zusammengekauerte Schafe, die nur noch über mögliche Gefahren nachdenken? Oder sehen wir auch das Gute, das schon geschehen ist - sowohl im eigenen Leben wie auch in unserer Welt?

Psalm 103 will uns zu neuem Sehen helfen. Am Anfang des Psalms steht eine Aufforderung. Zu Recht! Denn von allein kommen wir nicht drauf. Wir haben die Aufforderung zu neuem Sehen nötig. So heißt es: „Lobe den Herrn, meine Seele". Loben ist keine Selbstverständlichkeit. Im Gegenteil. Das Klagen und Jammern liegt uns sehr viel näher und geht uns auch leichter über die Lippen.

In unserem letzten Urlaub hatten wir in unserer Pension eine ganz besondere Gastgeberin. Schon morgens beim Frühstück ging es mit dem Schimpfen los. „Haben Sie schon gehört ...?" Daraufhin wurden uns die täglichen Aufreger in der großen wie auch in ihrer kleinen Welt überaus wortreich präsentiert.

Die ersten zwei Tage war ihr Verhalten noch einigermaßen auszuhalten und ich hoffte auf Besserung.

Als es aber am dritten Morgen wieder genauso losging, wollte ich es nicht einfach hinnehmen. So stellte ich ihr eine Gegenfrage: „Was freut Sie eigentlich in Ihrem Beruf, in Ihrem Leben?“ Sie schaute mich zuerst eine Zeit lang fragend an. Dann gab sie mir die Antwort: „Alles!“ – „Na also“, sagte ich, „dann fangen Sie doch mal an, für alles zu danken, und nicht, sich über alles aufzuregen.“

Wir brauchen den Perspektivenwechsel, um uns nicht in unseren eigenen unguten Stimmungen und Gefühlwelten zu verlieren. Deshalb: „Lobe den Herrn, meine Seele, und vergiss nicht, was er dir Gutes getan hat.“

Mit der Aufforderung an seine eigene Seele geht der Beter über seine aktuellen Befindlichkeiten hinaus. Er verlässt den begrenzten Blick seiner begrenzten Wahrnehmung und schaut hinein in die an Wohltaten reiche Gottesgeschichte. Es zeigen sich drei konzentrische Kreise. Der Horizont wird größer und größer. Die Wahrnehmung von Gottes Wohltaten wird reicher und reicher.

- → Gottes Wohltaten in der eigenen Glaubens- und Lebensgeschichte (V. 1-5)
- → Gottes Wohltaten in der Geschichte seines Volkes (V. 6-18)
- → Gottes universale Herrschaft im Himmel und auf Erden (V. 19-22)

Die dreifache Gliederung des Gotteslobes kann auch den Horizont unseres eigenen Gebetes erweitern. Oftmals ist unsere Gebetssprache dürftig. Der Reichtum der Worte ist schnell erschöpft. Unser Lob umfasst nur unseren persönlichen Alltagshorizont. Psalm 103 zeigt mehr. Er hilft uns zu entdecken, wie reich Gott und dadurch auch unser Leben ist. Lassen wir uns also inspirieren.

Die ersten fünf Verse des Psalms sind persönlicher Art. Die eigene nachlässige Seele wird in die Pflicht genommen. Mag sein, dass eine solche Ausdrucksweise uns jetzt verwundert oder sogar Widerstand hervorruft. Gibt es tatsächlich eine Pflicht zu beten? Gott führt keine Register, wie oft und wie lange wir beten. Er führt keine Gebetskartei, in der Versäumnisse vermerkt werden. Er freut sich an der Beziehung zu seinen Kindern und an der Begegnung mit ihnen.

Jede Begegnung, jedes Gespräch mit Gott geschieht freiwillig und aus innerem Antrieb heraus. Und doch lässt diese Aufforderung etwas vom Wesen des Gebetes erkennen. Gebet entspringt nicht nur einer Gefühlsregung. Gebet ist nicht nur Ausdruck einer spontanen Herzensregung. Gebet ist nötig, lebensnotwendig. Wie Essen und Trinken zur Gesundheit des Körpers nötig sind, so ist auch das Gebet zum Erhalt unserer Seele nötig.

Diese ist oft traurig oder übermütig. Manchmal sich selbst bemitleidend. Manchmal schwach und manchmal froh. Oft trotzig oder verzagt. Immer wieder lässt sie sich einfach treiben. Für jede Abwechslung und Zerstreuung findet sie Zeit. Träge und unwillig aber ist sie, wenn es darum geht, den Herrn der Welt zu preisen. Unsere Seele will in die Pflicht genommen werden. Sie braucht die Selbstaufforderung, Gott, seine Größe und Herrlichkeit immer wieder neu wahrzunehmen und darüber zu loben.

Dieser Aufruf wird dann sogar noch mit den Worten verstärkt: „und was in mir ist seinen heiligen Namen". „Was in mir ist" – das ist das ganze Wesen des Beters, alles, mit dem er leibt und lebt, seine Gedanken und Absichten, seine Sorgen und Leidenschaften, sein Herz und sein Wille. Der Theologe Karl Barth sagt es in einer Predigt über Psalm 103 mit folgenden Worten: „Das alles, sich selber, ruft er gleichsam zusammen, wie eine Mutter ihre Kinder versammelt oder ein Offizier seinen Soldaten zuruft: Hierher! Und was er sich selber und allem, was in ihm ist, zu sagen hat, das ist dies: Lobe den Herrn."[48]

Die Entscheidung, ob wir beten oder nicht, fällt im eigenen Herzen. Wir selbst haben die Wahl, uns dem eigenen Selbstmitleid zu überlassen oder zu Gott aufzublicken. Wir können entscheiden, dunklen Gefühlen in uns Raum zu geben oder uns dem Licht zuzuwenden. Dabei tragen wir auch Verantwortung für uns selbst. Das Sich-Gehen- und -Treiben-Lassen von den eigenen Gefühlen wirft uns zurück auf uns selbst. Die Hinwendung der Seele zu Gott lässt uns aufleben.

Wie geschieht dies nun konkret?

Am Anfang steht das Lob des Namens! Wir loben Gott nicht nur um seiner Taten willen, sondern auch um seiner selbst willen. Der geistliche Gewinn solchen Gotteslobes ist, dass es wirklich Gott selbst in den Blick nimmt und Gott selbst meint. Es mag Situationen im Leben geben, in denen Gottes Wohltaten verborgen sind. Dann bleibt allein der Name, er selbst bzw. seine Person.

Doch nicht nur dann darf das Gotteslob dem Namen gelten. Denn der Gottesname allein verdient es, gepriesen zu werden. Eine Übung könnte an dieser Stelle sein, all die Namen Gottes, die uns bekannt sind, an dieser Stelle einzufügen. Gott ist Immanuel. Er ist Friedefürst. Er ist Retter und Helfer. Er ist König und Meister. Er ist der Allmächtige, der Barmherzige und Ewige ... Allein eine Meditation des Namens Gottes, der heilig, besonders und einzigartig ist, vermag die Seele zu weiten.

Gunda Schneider-Flume bringt diese heilsame Dimension des Gotteslobs so zum Ausdruck:

> *Loben heißt vergegenwärtigen, ja geradezu sich ganz und gar anfüllen mit allem, was von dem Gelobten zu wissen ist, und dies lobend noch einmal erfahren und genießen.*[49]

Vom lobenden Sich-Vergegenwärtigen des Gottesnamens profitiert letztlich die Seele selbst. Sie füllt sich mit Gutem und Schönem. Was sie sich lobend bewusst macht, fällt auf sie selbst zurück. Eine mit Lob angereicherte Seele wird weit. Sie überschreitet die Grenzen der eigenen Befindlichkeit. Sie bekommt Flügel und wird wieder jung wie ein Adler. Adler wissen die Auftriebskräfte der Thermik zu nutzen; die Seele erfährt die geistlichen Auftriebskräfte des Gotteslobes.

Nun bleibt der Beter nicht beim Lob des Gottesnamens stehen. Gottes Wesen ist mit seinem Handeln verbunden. Und so lobt er die konkret erfahrenen Wohltaten Gottes. Auch an dieser Stelle gilt es allerdings, einen Widerstand zu überwinden. Denn vieles, was wir an Gutem erfahren, vergessen wir rasch. Wieder spricht der Beter die eigene Seele an: „Vergiss nicht, was er dir Gutes getan hat."

Glaube lebt in der Geschichte mit Gott. Sie ist lebendig. In dieser Geschichte kommt es zu Erfahrungen. Unser eigenes kleines Leben wird in die große Geschichte Gottes mit dieser Welt verwickelt. Wir werden Teil der Gottesgeschichte. Wir erleben sein Handeln, seinen Segen und manchmal auch seine Wunder. Diese umfassen die alltäglichen Kleinigkeiten und reichen bis hin zu großen und wunderbaren Erfahrungen. Die Seele soll sich dieser Wohltaten erinnern. Loben ist nichts anderes als ein geistliches Gedächtnistraining. Und das tut der Seele gut.

Warum ist das Sich-Erinnern für die eigene Seele so wichtig? Im Erinnern gehen wir an konkrete Stationen im eigenen Leben zurück. Wir lassen sie nicht fallen oder im Meer des Vergessens versinken. Vielmehr halten wir Erfahrungen fest, die uns so zu Merksteinen werden. Das Volk Israel kannte diese Praxis ebenfalls. Als es zusammen mit Josua über den Jordan gezogen war, richtete es zwölf Gedenksteine auf. Diese waren stumme Zeugen der Hilfe Gottes. Im Erinnern kehrt die Seele in die erlebte Gottesgeschichte zurück, vergegenwärtigt diese und findet darin einen Anker. Die so erinnerte Erfahrung bleibt. Niemand kann sie einem nehmen. Bleibendes wird entdeckt, und das ist kostbar. Die Vergangenheit ist eine Ressource für die Gegenwart. Diese gilt es zu nutzen. Im dankbaren Erinnern entfaltet diese Ressource ihr Potenzial.

Vielleicht ist es ja eine der größten Gefahren unserer Tage, dass wir mehr und mehr geschichtslos leben. Unsere Lebenszeit nimmt zwar statistisch gesehen zu. Worauf aber können wir zurückblicken? Was stimmt uns dankbar und froh? Wo findet die Seele noch Zeit wahrzunehmen? Vielleicht hat dies alles ja damit zu tun, dass wir durch unser Leben jagen. Wir rasen von Termin zu Termin, von Urlaub zu Urlaub und zappen uns durch unser Leben wie durchs Fernsehprogramm. Wer jedoch das heilsame Potenzial der Erinnerung nutzen will, braucht die Unterbrechung der Zeit. Sich zu erinnern, ist daher eine Schule der eigenen Wahrnehmungsfähigkeit. Geburtstage oder Jubiläen bieten Gelegenheiten zur Rückschau und zur dankbaren Erinnerung. Wer lernt, die Taten Gottes im eigenen Leben wahrzunehmen, trägt einen reichen Schatz bei sich.

Während eines Exerzitienkurses bekommen wir als Teilnehmer die Aufgabe, unser Leben in Sieben-Jahres-Abschnitte einzuteilen. Wir sollten uns daran erinnern, wo wir in den ersten sieben Lebensjahren Gottes Güte erfahren haben. Danach sollten wir die Jahre zwischen sieben und vierzehn durchgehen und so weiter bis hin zur Gegenwart. Sollte am Ende gar ein roter Faden von Gottes Güte sichtbar sein? In der Wahrnehmung meiner eigenen Lebensgeschichte wurde mir deutlich, wie gut Gott es gemacht hatte. Trotz allem.

Nun tritt in der Erinnerung nicht nur das Gute, Schöne und Dankenswerte ans Licht. Auch Fehler, Versäumtes und Bruchstückhaftes kommen zum Vorschein. Im zweiten Abschnitt von Psalm 103 (V. 18) findet dies seinen Ausdruck: „Er hat seine Wege Mose wissen lassen, die Kinder Israel sein Tun." Der Vers erinnert an die Geschichte vom Abfall der Israeliten, als sie das Goldene Kalb anbeteten. Mose hatte daraufhin zum Herrn gebetet, dass er ihn den Weg mit dem Volk wissen lasse. Moses Eintreten für das Volk wurde erhört und Israel hat es ganz neu erfahren: Barmherzig und gnädig ist der Herr, geduldig und von großer Güte (V. 8; vgl. 2. Mose 34,6).

Gott vergilt eben nicht gemäß unserer Missetaten und handelt nicht so, wie wir es verdient hätten. Vielmehr rechnet er uns die Übertretungen nicht an. Trotz Schuld und Versagen kommt er mit uns zu seinem großen Ziel. Dabei ermutigt uns die Bibel zur Ehrlichkeit. Menschliches Fehlverhalten wird nicht ausgeblendet und muss auch in der eigenen biografischen Rückschau nicht unterschlagen werden. Vielmehr darf es der Barmherzigkeit Gottes überlassen werden. Die Realität der Schuld wird in der Realität der Barmherzigkeit Gottes aufgehoben. Gott macht es gut trotz menschlicher Schuld.

Manchmal kann es freilich auch ein anstrengendes Unternehmen sein, Gottes Güte wahrzunehmen. Nicht immer steht sie vor Augen. Ein irischer Jesuit erzählte einmal von einem Mann, den er geistlich begleitete. Dieser Mann war unter schwierigen Verhältnissen aufgewachsen. Er gab ihm die folgende Aufgabe: „Geh in deiner Geschichte zurück und versuche, Hinweise darauf zu finden, dass Gott sich zu erkennen gegeben und sich gezeigt hat, dass er dir gezeigt hat, dass er dich liebt."

Am Tag darauf kam der Mann zurück und erklärte ziemlich mürrisch, dass er nie auf die kleinste Spur von der Liebe Gottes in seinem Leben gekommen sei. Der Jesuit wusste, was er tat. Wieder schickte er ihn weg, mit derselben Aufgabe, er solle eine Spur von Gottes Liebe in seinem Leben finden. Unter Tränen kam der Mann zurück und erklärte, er habe es ehrlich versucht, aber in seiner Vergangenheit nichts anderes als Dunkelheit und Beklommenheit sehen können.

Der Jesuit schickte ihn ein drittes Mal weg. Widerwillig ließ sich der Mann auf die Forderung ein, die Übung zu wiederholen. Als er am nächsten Tage zurückkehrte, hatte der Mann wieder Tränen in den Augen, dieses Mal aus einem anderen Grund. Er erzählte, dass er etwas gesehen habe, das er zuvor noch nie gesehen hatte. Der Mann hatte gesehen, wie Gott ihn ein um das andere Mal berührte, wenn es ihm am dunkelsten schien. Das hatte er nie zuvor bemerkt.

Gottes Güte kann so sehr verborgen sein, dass man sie nicht mehr erkennen kann. Manchmal kann sie sich sogar unter dem Gegenteil verstecken, was Luther ein „contrario" nannte. Das ändert allerdings nichts an der Tatsache, dass Gottes Güte da ist. Das mag auf den ersten Blick wenig tröstlich klingen.

Aber manchmal braucht es eben den zweiten, dritten oder vierten Blick, um die Zeichen seiner Liebe wahrzunehmen.

Ähnliches gilt nun auch für die Wahrnehmung der eigenen Vergänglichkeit (V. 14-18). Es mag erschrecken, wenn man sich die Flüchtigkeit des eigenen Lebens vor Augen führt. Die Jahre vergehen im Flug. Unaufhaltsam schreitet unser Leben dem Tod entgegen. Doch anstatt in Resignation zu verfallen, stellt der Beter dieses Wissen in die ewig währende Gnade Gottes hinein.

So gewinnt er eine neue Perspektive: Mit der unumstößlichen Tatsache der eigenen Vergänglichkeit und Gebrechlichkeit ist eben noch nicht alles über das eigene Leben zum Ausdruck gebracht. Es gibt ein „Mehr" und dieses „Mehr" besteht in er Barmherzigkeit Gottes, die das gebrechliche, schwache Leben umfasst. Unser Leben ist nicht in uns selbst begründet, sondern in Gottes Barmherzigkeit. Und das macht einen großen Unterschied. Dieses Wissen weckt Freude. Und so ermutigt der Psalm, trotz Erfahrungen von Hinfälligkeit Gott zu loben.

Wir kommen zu den Schlussversen des Psalms. Bevor der Beter wieder zu sich selbst, seiner Seele zurückkehrt, holt er noch einmal weit aus. Der Horizont wird immer weiter, größer und reicher. Die gesamte sichtbare und unsichtbare Welt wird in den Blick genommen. „Alle Engel" und „Heerscharen" werden zum Gotteslob aufgefordert. Die Seele ist nun bis oben hin gefüllt. Gottes Güte ist im eigenen Leben, in der Geschichte seines Volkes und in der ganzen

Schöpfung wahrnehmbar. Im Lob Gottes findet die Seele zu sich selbst und zum Leben zurück!

Letzteres ist die tiefste Wirkung des Gotteslobes. Die Kräfte zur Erneuerung der Seele liegen nicht in ihr selbst. Sie liegen reformatorisch gesprochen auch nicht in den eigenen Verdiensten und Taten. Sie sprudeln vielmehr aus Gottes Taten hervor. Wo diese Taten in vergegenwärtigendem Erinnern wahrgenommen werden, lebt die Seele auf.

Wie der Psalm am Anfang und am Ende von der Aufforderung „Lobe den Herrn, meine Seele" umrahmt ist, so kann es auch mit unserem Leben sein. Am Morgen und am Abend ein Lob! Am Anfang und am Ende der Woche. Am Anfang und am Ende des Jahres. Und erst recht am Anfang und am Ende des Lebens. Psalm 103 will uns zu diesem Lob inspirieren. Wo wir ihn mit Blick auf die eigenen Erfahrungen seiner Barmherzigkeit nachzusprechen lernen, findet die Seele zurück ins Leben.

Einer meiner Lehrer, der Tübinger Professor für Neues Testament Otto Betz (1917–2005), sprach von Psalm 103 als dem „Lieblingspsalm Jesu". Er sah in diesem Psalm Jesu Werk und Wirken, Reden und Heilen wie in einer Folie vorgezeichnet. Wie kam er zu dieser Feststellung? Betz sah, dass Menschen dort heil an Leib und Seele werden, wo sie sich auf die Barmherzigkeit Gottes einlassen. Nicht dort, wo sie in sich selbst Grund und Halt finden, wird ihre Seele froh, sondern wo sie den erkennen, der mit seinem ganzen Leben für sie eintritt. „Lobe den Herrn, meine Seele, und vergiss nicht, was er dir Gutes getan hat."

10. Die gesegnete Seele

Psalm 121. Ein Wallfahrtslied.
Ich hebe meine Augen auf zu den Bergen.
Woher kommt mir Hilfe?
Meine Hilfe kommt vom HERRN, der Himmel
und Erde gemacht hat.
Er wird deinen Fuß nicht gleiten lassen,
und der dich behütet, schläft nicht.
Siehe, der Hüter Israels schläft noch
schlummert nicht.
Der HERR behütet dich;
der HERR ist dein Schatten über deiner
rechten Hand,
dass dich des Tages die Sonne nicht steche
noch der Mond des Nachts.
Der HERR behüte dich vor allem Übel,
er behüte deine Seele.
Der HERR behüte deinen Ausgang und Eingang
von nun an bis in Ewigkeit!

Psalm 121 ist ein „Unterwegs-Psalm", genauer ein Wallfahrtspsalm. Ein Psalm also für Leute, die auf dem Weg sind. Wir befinden uns auf der Reise unseres Lebens, auf der Reise des Glaubens. Nicht nur im kirchlichen Kontext ist heute das Pilgern in Mode gekommen. Ursprünglich bildet das Pilgern eine geistliche Wahrheit ab. Es ist eine Metapher für den menschlichen Lebensweg.

Nehmen wir als Beispiel den Jakobsweg. Dieser führt von Ost nach West, von Sonnenaufgang in Richtung Sonnenuntergang. Ersteres steht für das Leben, die Geburt. Letzteres steht für das Sterben und den Tod. Der Jakobsweg endet im Atlantik. Dieser steht für die Ewigkeit. Pilgern ist also eine Art geistlicher Übung, die den Glaubensweg eines Menschen vom Aufbruch in die Nachfolge hin zum Sterben und zum ewigen Leben symbolisiert. Auf diesem Weg gilt es, Mühsames auf sich zu nehmen und Krisen durchzustehen und immer wieder Berge zu überwinden.

Der Beter von Psalm 121 hebt seine Augen auf zu den Bergen. Sind es die steilen Berge, die während seiner Wallfahrt zu überwinden sind? Sind es die Berge, die in antiker Zeit Wohnort für die Götter waren? Oder ist es im übertragenen Sinn gemeint und sind es die Berge der Sorge und der Lebenslast? So oder so schaut er auf die Berge. Er sehnt sich nach Hilfe und seine gefährdete Seele fragt: „Woher kommt mir Hilfe?" Seelsorge hat immer mit der Blickrichtung zu tun, die ein Mensch wählt. Schaue ich auf die Berge? Schaue ich auf das Bedrohliche?

„Woher kommt mir Hilfe?" So viele stellen sich diese Frage. Man schaue nur in die Arztpraxen. Man schaue nur in die Krankenhäuser. Man schaue nur auf die Wartelisten der Psychotherapeuten. Wir suchen Hilfe in den Fragen des Lebens. Was aber hilft in den unwegsamen Abschnitten des Lebens? Was hilft, die Berge zu überwinden?

Viele Menschen suchen ihre Hilfe im Horoskop oder im Legen von Tarotkarten. Oder sie suchen

Hilfe in den östlichen Religionen. Die Seelsorge der Kirche dagegen scheint für viele keine Hilfe mehr zu bieten.

Andere suchen die Hilfe allein in sich selbst. Sie leben nach dem Motto „Hilf dir selbst, dann hilft dir Gott." Sie leben verantwortungsbewusst. Aber sie kennen keine andere Hilfe als nur die eigenen Ressourcen. Manche gehen den Weg der Hilfesuche nach innen und werden bei den Angeboten der Meditation oder des Yoga fündig. So zapfen sie ihre eigenen verborgenen Energien an.

Ich kann mir nicht aussuchen, welche Berge mir den Blick verstellen. Ich kann mir nicht aussuchen, welche Gefahren auf dem Weg des Lebens lauern. Ich kann mir nicht aussuchen, welches Tal ich durchwandern oder welchen Berg ich im Leben besteigen muss. Aber ich kann mir aussuchen, in welche Richtung ich meine Augen lenke.

Der Blick des Pilgers in Psalm 121 schaut über die Berge hinaus auf den, der helfen kann. Auf dem Berg Zion in Jerusalem wohnt nämlich der höchste Gott, der Gott Israels. Er ist der Schöpfer Himmels und der Erde. Er ist seine Hilfe. „Meine Hilfe kommt vom Herrn, der Himmel und Erde gemacht hat." Das ist die Antwort. Und mit dieser Antwort ist eine entscheidende Weichenstellung mitgegeben. Die Hilfe finde ich nicht bei fremden Göttern oder der Esoterik. Die Hilfe finde ich auch nicht in mir selbst. Es heißt auch nicht, versenke dich in dir selbst bzw. bringe deine durcheinandergeratenen Energieströme wieder in Einklang. Die Hilfe kommt von außen. Sie kommt von Gott.

Der biblische Glaube unterscheidet zwischen Schöpfer und Geschöpf. Das kommt schon auf den ersten Seiten der Bibel zum Ausdruck. Der Schöpfer ruft den Himmel und die Sterne ins Dasein. Damit aber ist klar: Die Schöpfung ist nicht Gott und auch nicht göttlich. Weder Sterne noch Bäume, weder Wasserquellen noch Berge sind Gott.

So heißt es in 1. Mose 1,14: „Und Gott sprach: Es werden Lichter an der Feste des Himmels, die da scheiden Tag und Nacht. Sie seien Zeichen für Zeiten, Tage und Jahre." Die Welt, die Natur, Sonne, Mond und Sterne sind Schöpfungswerke Gottes. Gott redet durch sie und lässt sich durch sie erkennen (vgl. Römer 1,19). Die Schöpfung beschreibt und verkündigt die Größe Gottes. „Die Himmel erzählen die Ehre Gottes, und die Feste verkündigt seiner Hände Werk" (Psalm 19,2). Alles Geschaffene aber ist niemals Gott und darf daher auch nicht zum Gott erhoben werden.

Echte Hilfe kann allein der sein, der alles geschaffen hat. Worin besteht nun die Hilfe des Schöpfers?

Der Glaube an den Schöpfer kann Berge überwinden (vgl. Matthäus 17,20) und Mauern (vgl. Psalm 18,29) überspringen. Er gibt neue Kraft, dass wir auffahren mit Flügeln wie Adler (vgl. Jesaja 40,31). Er sagt mir, dass diese Welt und damit auch mein Leben getragen ist. Die Psalmen betonen immer wieder das Schöpfertum Gottes: „Die Erde ist des Herrn und was darinnen ist, der Erdkreis und die darauf wohnen" (Psalm 24,1). Oder: „Er hat den Erdkreis gegründet, dass er nicht wankt" (Psalm 96,10). Der Glaube an den Schöpfer gibt meinem Leben ein Fundament, das nicht wackelt. Er lässt mich dankbar werden für alles, was mir gegeben ist. Der Glaube an den Schöpfer sagt mir jeden Tag neu: „He's got the whole world in his hands."

Und nicht zuletzt: Der Glaube an den Schöpfer verkündigt mir seine Treue zu dieser Welt. Nach jeder Nacht wird es wieder Tag. Er sagt mir: „Solange die Erde steht, soll nicht aufhören Saat und Ernte, Frost und Hitze, Sommer und Winter, Tag und Nacht" (1. Mose 8,22). Das sagt er mir trotz aller Ängste angesichts des Klimawandels.

Und er sagt mir noch mehr, nämlich: „Seht die Vögel unter dem Himmel an: Sie säen nicht, sie ernten nicht, sie sammeln nicht in die Scheunen; und ihr himmlischer Vater ernährt sie doch" (Matthäus 6,26). Er sagt mir auch, dass ich alle meine Sorge auf ihn werfen kann. Denn er sorgt für mich (vgl. 1. Petrus 5,7).

Gott ist größer – das sagt mir der Glaube an den Schöpfer. Der Blick wird weit. Gott ist größer als deine Sorge und Angst vor den Bergen!

Er wird deinen Fuß nicht gleiten lassen, und der dich behütet, schläft nicht. Siehe, der Hüter Israels schläft noch schlummert nicht.

Das entscheidende Wort in Psalm 121 lautet „behüten" bzw. „beschützen" (hebräisch: schamar). Es kommt insgesamt sechs Mal vor. Die Hilfe Gottes besteht also in seinem Behüten. In der englischen Bibel heißt es so: „The Lord watches over you." Die Seelsorge Gottes besteht darin, dass er über uns wacht.

Das Vertrauen auf diesen Gott, der über uns wacht, ist für den Beter die entscheidende Hilfe in allem Besorgt-Sein. Wir denken dabei an den Hirten, der über seiner Herde wacht. Oder auch an Psalm 127: „Wenn der Herr nicht die Stadt behütet, wacht der Wächter umsonst." In Psalm 66,9 heißt es: „Der unsere Seelen am Leben hält und unsere Füße nicht gleiten lässt." Wie er Israel durch das Schilfmeer und die Wüste geleitet hat, so bringt der lebendige Gott auch meine Seele durch so manche Krisen und Gefährdungen des Lebens. Nicht wir Menschen sind es, die unser Leben bewahren, sondern Gott. In diesem Vertrauen kann alle Angst vor der Zukunft und jede Besorgnis angesichts weltweiter Krisen erträglicher werden.

Gott wacht über meinem Leben. Dies gilt umso mehr, als im weiteren Verlauf des Psalms von Gefährdungen die Rede ist. Einmal von Gefährdungen, die von unten, vom Boden kommen: Der Fuß soll nicht gleiten, ausrutschen oder über ein Hindernis stolpern. Und dann von Gefährdungen, die von oben kommen, nämlich Sonne und Mond. Wir sehen also: Der Weg mit Gott wird eines ganz bestimmt niemals sein: Er wird niemals ohne Gefahren sein. Gefahren von unten und von oben werden uns begleiten.

Hier ist vom Abgleiten die Rede. Wir denken daran, wenn man an einer glatten Stelle hinfällt oder sich ein Bein bricht. Pilger sind dem Wetter ausgeliefert. Sie ermüden. Sie sind manchmal drauf und dran, die Reise abzubrechen. Der Weg ist lang. Man fragt sich: Reichen die Kräfte? Es gibt Gefahren von außen und von innen, die wir nicht kontrollieren können.

Auch im übertragenen Sinn kann man abgleiten. Die Bibel spricht davon, dass man vom rechten Weg abkommt, dass man einen „Ausrutscher" hat. Dass man auf die schiefe Bahn abgleitet. Dass man also nicht auf dem Weg mit Gott bleibt.

Schließlich kann man auch innerlich abgleiten. Man verliert sein Gleichgewicht. Wir reden davon, dass jemand in ein Burn-out oder in eine Depression hineingeglitten ist. Beruflich und privat kann man ins Straucheln kommen. Man verliert den gleichmäßigen Tritt und Rhythmus im Leben. Eigenes Verschulden oder auch zufällig sich ereignende Lebensumstände mögen dafür verantwortlich sein.

Er wird deinen Fuß nicht gleiten lassen und der dich behütet schläft nicht.

Was sich hier wie eine Vollkasko- und Risikoausschlussversicherung anhört, geht in Wirklichkeit in eine andere Richtung. Wir kommen nicht unfallfrei durchs Leben.

Für mich ist es bis heute ein Rätsel. Am 17. August 2013 verunglückte Hans Peter Royer durch einen tragischen Bergunfall tödlich. Royer war bis zu seinem Tod Direktor des „Tauernhofes" in Schladming in Österreich, einem Freizeitzentrum und Sitz einer Bibelschule. Als Evangelist und Konferenzredner war er europaweit gefragt. Außerdem war er leidenschaftlicher Bergsteiger und Skilehrer. Doch dann geschah das Unfassbare: Royer wurde beim Gleitschirmfliegen von einer Windbö erfasst und prallte gegen einen Felsen. Seine Leiche wurde nach einer mehrstündigen Suchaktion in einer Felsrinne gefunden.

Hans Peter war ein Mann, der Gott vertraute. Die Worte des Psalms haben ihm gegolten. Denn er suchte seine Hilfe beim Herrn, der Himmel und Erde geschaffen hat.

Wie lassen sich dann solche Erfahrungen einordnen? Zweimal wird hier betont, dass der Hüter Israels nicht schläft. Selbst wenn Gottesmenschen ein Übel zustößt, hat Gott deshalb nicht geschlafen. Selbst wenn sie in einen Unfall verwickelt werden, war der Hüter Israels wach. Denn wir verlieren Gottes Wacht und Auge nicht - auch in Unfällen nicht.

Dieser Gedanke allein reicht allerdings noch nicht aus, um zu trösten. Die Rückfrage, warum Gott Böses zulässt, wenn er doch wacht, sucht nach einer tieferen Erklärung. Hätte er im Falle von Hans Peter Royer nicht doch eingreifen können? Wir stoßen hier an die Grenzen unseres Glaubens und Verstehens.

Der folgende Gedanke mag eine Hilfe sein: Gott hat zugeschaut, als sein Sohn Jesus Christus am Kreuz gelitten hat und gestorben ist. Er hat nicht eingegriffen. Die Nacht, den Schmerz und die Trauer hat er selbst durchlitten. Gott selbst hat das Schreckliche ansehen und aushalten müssen. Er hat es sich selbst zugemutet.

Gott weiß, was er zulässt und warum er etwas zulässt. Nichts geht an ihm vorbei. Er schläft nicht. In

Jesaja 55,9 heißt es: „So viel der Himmel höher ist als die Erde, so sind auch meine Wege höher als eure Wege und meine Gedanken als eure Gedanken." Gott weiß, was er vorhat, auch wenn wir ihn nicht verstehen.

Auf Karfreitag folgte Ostern. Das Osterlicht lässt uns wissen, dass Gott aus dem tiefsten Dunkel Helles entstehen lassen kann. Spätestens in Gottes Ewigkeit werden wir sehen und verstehen, dass seinem wachenden Auge nichts entgangen ist. Gottes Blick gehe ich niemals verloren. Auch wenn ich stürze oder falle.

Von zwei konkreten Gefahren ist hier noch die Rede:

Er sei dein Schatten über deiner rechten Hand,
dass dich des Tages die Sonne nicht steche noch
der Mond des Nachts.

Sonne und Mond symbolisieren Gefahren. Die Sonne steht für die Hitze auf dem Weg. Es macht einen großen Unterschied, ob ich im Schatten wandere oder der sengenden Sonne ungeschützt ausgeliefert bin. Worin besteht nun die Gefahr des Mondes? In fremden Kulturen wird dem Mond eine magische Bedeutung zugesprochen. Möglicherweise sind also dunkle, geheimnisvolle Mächte der Finsternis gemeint. Beides, die sengende Sonne und auch die unheimliche Nacht, stehen für konkrete Gefahren, denen sich der Jerusalempilger ausgesetzt sieht.

Und auch wir kennen die Hitze des Tages, die einem zusetzen kann, und so manche Nacht, die einen nicht schlafen lässt. Es ist daher keinesfalls so, dass uns solche Erfahrungen auf der Reise unseres Glaubens und Lebens erspart bleiben. Aber es macht einen Unterschied, wenn ich weiß, dass in all dem Gottes Macht und Treue mich begleiten.

So manche Hitze gilt es im Leben durchzustehen, so manche Schlucht, über der die Sonne brütet, gilt es zu durchwandern. Dies alles kann mich sogar an den Rand der Erschöpfung bringen. Trotzdem darf ich wissen, dass Gott selbst in alldem mit mir ist und meine Reise begleitet. Er ist mir näher als die Hitze des Tages. Sein Wort ist stärker als die Angst in der Nacht. Nichts und niemand wird uns aus seiner Hand reißen können (vgl. Johannes 10,28).

Unsere Seele soll behütet sein. Das markieren die Schlussverse des Psalms:

> *Der HERR behüte dich vor allem Übel, er behüte deine Seele. Der HERR behüte deinen Ausgang und Eingang von nun an bis in Ewigkeit.*

Besonders auf dem letzten Wegabschnitt unserer Lebensreise, die für Christen nichts anderes als eine Heimreise ist, sollen wir gesegnet und behütet sein. Und doch ist diese letzte Reise angefochten. Immer wieder habe ich es bei Sterbenden erlebt, wie Gewissheiten wanken und der Glaube wackelt. Sterbende brauchen neben menschlicher Nähe die Vergewisserung im Glauben. Psalm 121 kann an dieser Stelle eine Hilfe sein. Gerade die zuletzt zitierten Verse „Der Herr segne deinen Ausgang und Eingang von nun an bis in Ewigkeit" können Sterbenden unter Handauflegung zugesprochen werden. Unsere Pilgerreise durch das Leben hat ein großes Ziel. Wir dürfen unsere Seele dem anbefehlen, der sie geschaffen hat und schützend begleitet.

III. LERNEN VON DEN WÜSTENVÄTERN

1. Begegnung mit einem Wüstenvater

Vor nicht allzu langer Zeit stieß ich auf Matta al-Maskin. Leider bin ich ihm nicht persönlich begegnet, denn er starb im Jahre 2006. Doch fiel mir sein wohl bekanntestes Buch „Die Erfahrungen Gottes im Leben des Gebets" in die Hände. Al-Maskin lebte in Ägypten und war durch das Vorbild seiner Mutter im koptischen Glauben groß geworden. Er studierte Pharmazie in Kairo und führte viele Jahre eine gut laufende Apotheke.

1948 entschied er sich, die Apotheke zu verkaufen. Er verschenkte sein Geld und trat zunächst in ein Wüstenkloster ein. Das Dasein als Mönch schien für ihn die Erfüllung seiner Sehnsucht nach tiefem und echtem geistlichem Leben zu sein.

Sein Weg führte ihn jedoch weiter. Schon bald entschied er sich für ein Leben als Einsiedler. Mit einer kleinen Gruppe von Gefährten begab er sich in die Wüste Ägyptens. In äußerster Armut führte er ein abgeschiedenes Leben.

Nach einiger Zeit sollte sich jedoch auch diese Lebensweise wieder ändern. Vom Oberhaupt seiner koptischen Kirche, Papst Cyrill VI., bekam al-Maskin den Ruf, das traditionsreiche, aber leider verfallene Makarius-Kloster im Wadi Natrun in Oberägypten zu besiedeln und mit Leben zu füllen. Dieses Kloster war seit Mitte des 4. Jahrhunderts ununterbrochen von Mönchen bewohnt gewesen. Nun aber schien sein Ende nahe. Nur noch wenige alte Mönche lebten dort. Das Gebäude verfiel.

Al-Maskin folgte dem Ruf und die Wiederbelebung des Klosters gelang tatsächlich. Bald schon wohnten achtzig Mönche im ehemals berühmten Kloster. Es steht Besuchern offen und man kann sogar an den Gebeten der Mönche teilnehmen.

Was war nun das Besondere für mich an dieser Begegnung mit Matta al-Maskin? Es war tatsächlich das erwähnte Buch. Es ist ein tief geistliches Werk über das Gebet, in dichter Sprache verfasst. Man kann nur wenige Sätze nacheinander lesen. Denn das Buch fordert heraus - an manchen Stellen sicher auch zum Widerspruch. Dennoch ist es mir zu einer wertvollen Fundgrube geworden. Besonders jenes Kapitel, in dem Matta al-Maskin seinen Erfahrungsschatz über die menschliche Seele teilt, ist mir kostbar. Ihr wohnt, so schreibt er, eine starke Sehnsucht nach Gott inne.

> *In der zu Gott hin geöffneten menschlichen Seele sind die Elemente der Kraft, der Leichtheit des Seins, der Freiheit und der reinen Liebe unbegrenzt und haben die Fähigkeit, bis ins Unendliche zu wachsen, sich zu entwickeln und sich zu vervollkommnen, denn die Seele schöpft diese*

Eigenschaften und Fähigkeiten ununterbrochen aus Gott.[50]

Die menschliche Seele lebt also aus Gott. Zu ihm hin vermag sie sich zu öffnen. Von ihm her bezieht sie ihre Kraft. Mit seinen Worten bringt al-Maskin den „nefesch-Charakter" der Seele zum Ausdruck. Diese ist zu Gott hin erschaffen. Auf ihn richtet sich ihre Sehnsucht.

Im Weiteren geht al-Maskin darauf ein, wie sich die menschliche Seele von Gott entfremdet und an Kräfte und Mächte bindet, die sie nach unten ziehen. Damit meint er das „menschliche Ich" mit seinen Neigungen, Wünschen und seinem gegen Gott gerichteten Eigenwillen. Die Seele, die autonom sein und ohne Gott leben will, ist „korrupt", „doppelzüngig", „lügnerisch", „zerbrochen", „stolz", „böse", „lässt sich täuschen"[51].

Al-Maskin kommt fast nicht zu Ende in der Beschreibung der gefallenen Seele. Die Befreiung von alldem aber geschieht durch Gnade: „Wenn du die Befreiung der Seele auf dem besten und einfachsten Weg erreichen willst, begib dich in die Schule der Gnade."[52]

Der Wüstenmönch besitzt aufgrund seines langen inneren Weges des Gebets und der Selbsterforschung die Erfahrung, wie anfällig für jede Art von Versuchung, wie verkehrt und verdorben die menschliche Seele sei. Deshalb brauche es mehr als nur äußere Kosmetik bzw. Wellness für die Seele. Vielmehr bedarf sie einer Totalerneuerung: „So darf sich die Befreiung der Seele nicht auf einen einzelnen Aspekt beschränken, sondern muss das ganze innere Leben betreffen."[53]

Immer hat al-Maskin das Ziel vor Augen: Die Seele soll frei werden. Frei durch Christus. In anschaulichen Bildern vermag er die Seele zu beschreiben, wenn sie diese Freiheit, diese Leichtigkeit erfährt. Sie sei wie eine „Feder", wie ein „Flaum". Der leichteste Hauch vermag sie zu bewegen. Werde sie allerdings durch eine von außen kommende Flüssigkeit durchdrungen, so werde sie schwer und an der Fortbewegung gehindert.

Al-Maskin ist ein Kenner der menschlichen Seele. Sein Erfahrungsschatz ist zum einen auf dem Boden seines eigenen geistlichen Weges gewachsen. Zum anderen aber knüpft er direkt an die Weisheit jener Wüstenmönche an, die viele Jahrhunderte vor ihm in Oberägypten zu Hause waren. Es lohnt sich, tiefer in jene Weisheit einzusteigen. Denn diese Männer waren begnadete Seelenführer, die sowohl die Gabe der Unterscheidung wie auch die Gabe der Herzensschau hatten. So tief hatten sie ihr eigenes Herz erforscht, dass sie auch das ihrer Ratsuchenden unmittelbar durchschauten.

Dass ihr geistlicher Weg bisweilen zum Extremen neigte, soll nicht unerwähnt bleiben. So konnte ihr Streben nach Vollkommenheit bizarre Formen annehmen. Manche unter ihnen quälten sich mit übertriebener Askese. Andere stellten das Streben nach eigener Vollkommenheit so sehr in den Vordergrund, dass sie die praktische Arbeit und die Sorge um ihre

Mitbrüder vernachlässigten. Die übertriebene Sorge um das eigene Seelenheil brachte für jene Brüder offensichtlich die Gefahr eines geistlichen Egoismus mit sich.

Trotz mancher Einseitigkeiten dieser Mönchsbewegung ist von ihr ein großer Segen für die ganze Kirche ausgegangen, der durch die Jahrhunderte hindurch bis heute fortwirkt. Ihren Ursprung besitzt diese Bewegung in der sogenannten Spätantike. Nachdem das Christentum in den ersten drei Jahrhunderten das Römische Reich mehr und mehr durchdrungen hatte, fragten sich viele Christen, wie sie ihren Glauben radikal leben konnten.

Gespeist von Endzeiterwartung, aber auch von der Sehnsucht, Christus durch und durch und ohne Vorbehalt zu lieben, verließen in jener Zeit viele die Städte und suchten die Einsamkeit der Wüste auf. In Anlehnung an die großen biblischen Vorbilder wie Elias oder Johannes, den Täufer, wollten sie ihrer Hingabe an Christus Ausdruck verleihen. Dieses war für sie in der Zurückgezogenheit der Wüste leichter möglich als in den lauten und bevölkerten Städten. Dabei spielten das Schweigen und die Meditation der Schrift für sie eine wesentliche Rolle. „Wortkargheit" galt bei ihnen als Tugend.[54]

Im 4. und 5. Jahrhundert fand die Bewegung ihren Höhepunkt. So geht man heute davon aus, dass in jener Zeit etwa 70 000 Einsiedlermönche in der oberägyptischen Wüste, der sogenannten Thebais, lebten. Von hier aus breitete sich die Mönchsbewegung in den Vorderen Orient über den Sinai nach Palästina,

Syrien, Mesopotamien und schließlich bis ins Abendland aus.

Eine wichtige Rolle spielte dabei Johannes Cassian, den es von Europa aus zunächst nach Bethlehem und später in die oberägyptische Wüste zog. Dort lebte er eine Zeit lang mit den Mönchen und lernte ihre Spiritualität kennen. Johannes Cassian haben wir es zu verdanken, dass die Aussprüche der Mönche (Apophthegmata patrum) schon bald ihren Weg nach Europa fanden. Selbst Benedikt von Nursia nimmt in der Vorrede seiner großen Klosterregel ausdrücklich auf die Wüstenmönche Bezug.

Die Sprüche der Mönche sind nicht immer leicht zu verstehen und manches davon mag für uns heute fremd wirken. Dennoch erschließen die Vätersprüche geistliche und psychologische Schätze, über die man nur staunen kann.

2. Vom Geist des Übens

Mein Lehrer Manfred Seitz sagte einmal Folgendes zu mir: „Wissen Sie, Herr Sons, wer meine besten Studenten sind?“ Ich war mit dieser Frage überfordert und schaute ihn nur mit großen Augen an. Dann seine Antwort: „Es sind diejenigen, die Klavier spielen können. Denn sie haben gelernt zu üben.“ Was Seitz mir sagen wollte, war nicht, dass man unbedingt Klavierspielen lernen muss, um ein guter Student zu sein. Vielmehr wollte er mir die grundsätzliche Einsicht mitgeben, dass das Üben einer Sache, wenn man an etwas dranbleibt, unsere Persönlichkeit formt.

Das Üben gehört von Anfang an zu unserem Leben dazu. Anders als beim Tier, sind uns Menschen die meisten notwendigen Funktionen nicht angeboren. Wir müssen sie vielmehr mühsam erlernen. Das beginnt beim kleinen Kind mit dem Laufenlernen und Sprechenlernen. Kommt das Kind in die Schule, so muss es lesen, schreiben und rechnen lernen. Im Fahrunterricht üben wir das Rückwärtseinparken. Auszubildende lernen die Technik der Holz- oder Metallbearbeitung. Im Theologiestudium habe ich das genaue, sorgfältige Lesen geübt.

Üben in diesem Sinne meint, dass man sich ein Können oder eine Fertigkeit erwirbt, mit deren Hilfe man eine Aufgabe bewältigen oder eine Sache besser durchführen kann. Damit erschöpft sich das Üben allerdings nicht. Denn Üben erleichtert nicht nur eine Aufgabe. Der regelmäßige Vollzug von Übungen formt auch den Übenden selbst. Letzteres lässt sich gut beschreiben, wenn man sich die ursprüngliche Wortbedeutung klarmacht. „Üben" heißt: „den Boden bearbeiten, Landbau/Ackerbau betreiben"[55].

Die Exerzitienbegleiterin Silke Harms beschreibt dies so: „Geistliche Übung hat das Ziel, den Ackerboden Mensch so zu bearbeiten, dass das Samenkorn des göttlichen Wortes auf guten Boden fallen kann. Es geht um eine aktiv vollzogene Durchackerung, durch die der Mensch empfänglich und bereit werden und bleiben soll. Je mehr dieser Boden durchackert und gepflegt wird, desto besser kann das göttliche Wort im Menschen wachsen, umso tiefer kann es wurzeln und schließlich Frucht bringen."[56]

Allein der Heilige Geist kann im Menschen Früchte hervorbringen. Das Üben allerdings bereitet den Boden dafür. Indem der Mensch Gott sucht, sich ihm hinhält und Zeit mit ihm verbringt, bereitet er sich für den Empfang der Gnade. Geistliche Übungen besitzen daher ihren tiefen Sinn. Wir geben Gott Raum, dass er in uns und an uns wirken kann.

Für die Wüstenväter bestand die Übung zunächst im Rückzug in die eigene Zelle. Ein verbreiteter Rat unter den Wüstenmönchen lautete: „Gehe in dein Kellion. Es wird dich alles lehren." Kellion (Zelle) steht hier als Symbol für alles, was der Mönch zu lernen hatte. Im Alleinsein, d. h. in der Stille, fern aller Ablenkung, lernt er das Wichtigste, was ein Seelsorger zu lernen hat: nämlich die Begegnung mit sich selbst. In der Stille kommt es zur Konfrontation mit dem eigenen Ich. Ungeschminkt und ungeschönt vermag sich der Mönch wahrzunehmen. Verborgenes kommt an die Oberfläche. Überhörtes und Unterdrücktes meldet sich. Es ist die eigene Wirklichkeit, der der Mönch nun ungeschützt begegnet. Der Mönch setzt sich seiner eigenen „Wildnis" aus.

Bei Daniel Heil, Psychiater und Seelsorger, dazu ein großer Kenner der Wüstenmönche, findet sich dazu die folgende Geschichte:

„Drei Studierende, die sich liebten, wurden Mönche und jeder von ihnen nahm sich ein gutes Werk vor. Der Erste erwählte dies: Er wollte Streitende zum Frieden zurückführen ... Der Zweite wollte Kranke besuchen. Der Dritte ging in die Wüste, um dort in Ruhe zu leben. Der Erste, der sich um die Streitenden mühte, konnte doch nicht alle heilen. Und von Verzagtheit übermannt, ging er zum Zweiten, der den Kranken diente, und fand auch den in gedrückter Stimmung; denn auch er konnte sein Vorhaben nicht ausführen. Sie kamen daher überein, den Dritten aufzusuchen, der in die Wüste gegangen war, und sie erzählten ihm ihre Nöte und baten ihn, er möge ihnen aufrichtig sagen, was er gewonnen habe. Er schwieg eine Weile, dann goss er Wasser in ein Gefäß und sagte ihnen, sie sollten hineinschauen, und sprach: ‚Betrachtet nun, wie ruhig das Wasser jetzt geworden ist.' Und sie schauten hinein und erblickten ihr Angesicht wie in einem Spiegel. Darauf sagte er weiter: ‚So geht es dem, der unter den Menschen weilt: Wegen der Unruhe und Verwirrung kann er seine Sünden nicht sehen. Wer sich aber ruhig hält und besonders in der Einsamkeit, der wird bald seine Fehler einsehen.'"[57]

Es ist uns Menschen nicht ohne Weiteres möglich, unsere eigenen Fehler, Sünden, Verletzungen, aber auch unsere Versuchungen, Begierden und Sehnsüchte wahrzunehmen. Dazu bedarf es des Heiligen Geistes, der Augen und Herzen öffnet. Wo daher ein Mensch bewusst die Stille sucht und sich der Gegenwart Gottes aussetzt, wird er zur Erfahrung der Selbsterkenntnis kommen. Dies mag nicht immer angenehm und mitunter sogar erschreckend sein. Aber sie sind in jedem Falle heilsam. Daniel Hell sagt, dass es Mut brauche, sich solchen Zeiten der Stille auszusetzen.

Von den Wüstenvätern ist diesbezüglich der folgende Spruch überliefert. „Abbas Isaias fragte den Altvater Makarios: ‚Sage mir ein Wort!' Der Alte antwortete ihm: ‚Fliehe die Menschen!' Da sprach Abbas Isaias zu ihm: ‚Was heißt das: die Menschen fliehen?' Der Greis antwortete ihm: ‚Dich in dein Kellion setzen und deine Sünden beweinen.'"

Nur wer die eigene Wirklichkeit wahrnimmt, kann sie auch annehmen und so zu einem Seelsorger reifen.

Unter geistlichem Üben verstehen wir bei den Wüstenvätern in erster Linie das Sitzen in der Stille, das Meditieren geistlicher Texte und auch das Beten. Auf dem Wege solcher Übung lernten sie das Gespräch mit Gott und auch ihr eigenes Herz kennen. Folgender Spruch ist von dem heiligen Isaak, dem Syrer, überliefert:

„Meditiere ausdauernd die Schrift und das Leben der Heiligen, denn die Verinnerlichung und das ausdauernde Bedenken der Schrift und der Lebensbeschreibungen der Väter werden in dir flammende Entschlüsse gegen die Trägheit entwickeln und so in dir gottgefällige Werke, die Einsamkeit und die Anfechtungen in deinen Augen leichter erscheinen lassen."[58]

Ursprünglich gehörte das regelmäßige Üben von geistlichen Vollzügen wie Beten, Fasten oder auch das Studieren der Schrift zum festen Programm christlichen Lebens. Im 1. Brief an Timotheus ermahnt Paulus seinen Mitarbeiter, sich „in der Frömmigkeit zu üben" (1. Timotheus 4,8). Offensichtlich denkt Paulus dabei an eine Art „geistlicher Gymnastik", die das Leben mit Gott fördert. An einer anderen Stelle, ebenfalls das Bild vom Sport aufgreifend, vergleicht Paulus den Christen mit einem Wettkämpfer, der Disziplin einhält und auf alles, was seinem Ziel abträglich ist, verzichtet (1. Korinther 9,25).

Wie tief das Üben in der geistlichen Tradition der Kirche verankert ist, lässt sich auch bei Martin Luther studieren. Luther übte sich täglich in der Meditation und im Auswendiglernen der Schrift. Er verstand das christliche Leben als ein ständiges und nie zum Abschluss kommendes Üben. Ausgangspunkt der Übung war dabei die Taufe. Davon ausgehend sollte jeder Christ durch Beten, Gottesdienstbesuch, Schriftstudium und praktischen Dienst den Glauben einüben.

Für Luther war klar, dass nur Gottes Geist den Glauben im Menschen hervorrufen kann. Die kontinuierliche Einübung des Glaubens lag allerdings in der Verantwortung jedes Einzelnen. Glaubensinhalte wie etwa Bibeltexte, Lieder oder Katechismus werden nicht nur dem Gedächtnis eingeprägt, sondern mit der Zeit verinnerlicht. Sie „rutschen vom Kopf ins Herz". So geschieht eine geistliche „Herzensstärkung" von innen.

Das regelmäßige Tun von Gewohntem gibt dem Leben nicht nur Struktur und Rhythmus. Es stärkt und bildet auch die Seele. In ihr keimt Resilienz auf, also Widerstandsfähigkeit. Vertrauen zu Gott und innerer Halt nehmen zu. Die Frucht solch regelmäßigen Übens lässt sich nicht sofort ernten. Echte, wesensmäßige Veränderung braucht Zeit. Und doch werden die Früchte mit der Dauer wachsen. Innere Frische, Gelassenheit, aber auch das Gefühl einer inneren Beheimatung werden zunehmen. Üben fördert die „Innenstabilisierung" der Seele.[59] Die Seele findet durch Üben Halt.

3. Sich in Demut üben

Wer sich mit der Geschichte der christlichen Frömmigkeit beschäftigt, mag staunen, welch große Rolle die Demut einnimmt. In der Regel des Benedikt von Nursia gilt das 7. Kapitel über die Demut als das „Herz und Meisterstück" der ganzen Regel. Und auch bei den Apophthegmata Patrum besitzt die Demut großes Gewicht.

Wer sich allerdings mit ihren Aussagen beschäftigt, bemerkt, wie sehr sich das Verständnis der Demut bei den Wüstenvätern von unserem gängigen Verstehen unterscheidet. Demut im Sinne der frühen Mönche hat nichts mit Unterwürfigkeit zu tun. Auch der Gedanke der Demütigung oder des Entwertet-Werdens durch sich selbst oder andere ist ihr fremd. Im Gegenteil: Ein demütiger Mensch ist ein Mensch, der um seinen Wert und seine Würde weiß. Er hat Gnade empfangen und weiß sich darin von Gott geadelt. Demütige Menschen müssen sich daher nicht selbst auf die Schulter klopfen. Vielmehr können sie andere achten. Sie wissen, von wem sie Gaben und Kräfte empfangen haben.

Johann Sebastian Bach war für mich ein solcher Mensch. Unter sämtliche seiner Werke schrieb dieser geniale Komponist die Kürzel „s.d.g." (soli deo gloria) und brachte damit zum Ausdruck, wem er alles verdankt und wie reich Gott ihn beschenkt hatte. Demütige Menschen sind dankbar. Sie besitzen kein übersteigertes, aber ein gesundes Selbstbewusstsein.

Auch die Wüstenväter wussten, dass die Demut Persönlichkeiten hervorbringt:

„Altvater Poimen erzählte über den Altvater Isidor: Seine Gedanken sagten zu ihm: Du bist ein großer Mensch! Und er sprach zu sich: Bin ich etwa von der Art des Antonios? Oder bin ich vollkommen geworden wie Abba Pambo? Oder wie die übrigen Väter, die das Wohlgefallen Gottes hatten? Sooft er sich das vorführte, hatte er Ruhe. Wenn aber die Feindschaft der Dämonen ihn mit Kleinmut erfüllen wollte, dass er nach alldem doch in die Strafe eingehen werde, sagte er zu ihnen: Auch wenn ich in die Strafe geworfen werde, werde ich euch doch noch unter mir finden."

Auf den ersten Blick mag dieses Beispiel verwundern. Besonders der Rat, auf andere herunterzuschauen, scheint alles andere als wertschätzend, geschweige denn christlich zu sein. Der Sinn des Beispiels ist allerdings ein anderer. Altvater Isidor entdeckt für sich einen Weg, wie er dem ständigen Sich-Vergleichen entkommen kann. So legt er sich eine Antwort zurecht, die ihn weder resignieren noch überheblich sein lässt:

Wird er vom Stolz versucht, so schaut er auf jene großen und berühmten Wüstenväter wie Antonios und Altvater Pambo. Beide hatten den Beinamen „der Große" und wurden unter den Wüstenmönchen für ihre Weisheit geehrt. Im Aufblick zu jenen großen Mönchen relativiert sich jeder Stolz, der in Isidor aufkommen mag. Aber auch für aufkommenden Kleinmut findet Isidor einen Weg des Umgangs. Selbst wenn die Dämonen ihm einreden wollen, dass er einmal in die Hölle kommen würde, so würden jene furchtbaren Plagegeister erst recht und noch viel tiefer in die Hölle gestoßen werden als er.

Das Gleichnis entstammt der vergangenen Welt und den Glaubensvorstellungen der Wüstenväter, und doch lässt es sich für uns heute erschließen. Isidor lernt, denn eigenen Stolz zu relativieren und die eigene Schwäche oder Unzulänglichkeit zu akzeptieren. Am Ende findet er sich irgendwo in der Mitte wieder und lernt auf diese Weise, das eigene Maß zu entdecken.

Demut lässt uns also im Umgang mit uns selbst und in der Selbstwahrnehmung realistisch sein. Sie verweigert sich der Versuchung, ständig etwas aus sich machen zu müssen. Die Haltung der Demut lässt aber auch nicht depressiv werden, weil man Dinge nicht so gut kann wie andere. So führt uns die Demut zur gesunden Selbsteinschätzung und letztlich zur Selbstannahme.

Zugleich bringt sie uns zur Dankbarkeit gegenüber Gott. Unzufriedenheit und neidisches Schielen auf andere werden auf diese Weise besiegt. Dietrich Bonhoeffer konnte es so sagen: „Wenn man völlig darauf verzichtet hat, aus sich etwas zu machen - sei es ein Heiliger oder einen bekehrten Christen –, dann wirft man sich Gott ganz in die Arme." Man kann es kaum besser sagen: Demut ist, darauf zu verzichten, etwas aus sich zu machen. Solch ein Verzicht ist kein Verlust, sondern ein Gewinn.

Wie sehr das Vergleichen bei den Mönchen eine Rolle spielte, zeigt der folgende Väterspruch:

„Abbas Poimen erzählte: Der Abbas Paphnutios pflegte zu sagen: In alten Zeiten, als die Altväter noch lebten, ging ich zweimal im Monat zu ihnen – die Entfernung betrug etwa zwölf Meilen – und legte ihnen mein ganzes Denken dar und sie sagten nichts anderes als dies: ‚An welchen Ort du auch hinkommst, vergleiche dich nicht mit anderen und du wirst Ruhe finden.'"

Auch dieser Spruch lässt die heilsame Bedeutung der Demut erkennen. Abbas Poimen kennt die Abgründigkeit der menschlichen Seele und so weiß er um die Gefahr narzisstischen Vergleichens. Im Vergleichen bewerten wir uns selbst und andere. Wir nehmen unsere eigenen Defizite und Fehler wahr und verlieren dabei schnell die Dankbarkeit für das, was uns gegeben ist. Wer sich ständig mit anderen vergleicht, gibt zu, dass er selbst ein inneres Vakuum besitzt. Dieses versucht er zu kompensieren, indem er auf andere herabschaut oder neidisch zu ihnen aufschaut.

Die Fragen etwa: „Bin ich gut genug?" oder „Bin ich schön genug?", sind Ausdruck solchen Vergleichens. Unsere gesamte Schönheits- und Modeindustrie lebt von solchen Vergleichen. Die Weisung des Wüstenmönches dagegen lehrt, sich selbst weder zu verachten noch voller Stolz auf sich selbst zu blicken. Die Demut führt einen letztlich zu sich selbst und lässt einen nicht ständig bei anderen sein.

Wie gesunde Demut aussehen kann, zeigt das folgende Zitat aus dem apokryphen Buch Jesus Sirach (10,31-32): „Mein Kind, in Demut ehre dich selbst, und achte dich so, wie es dir zukommt. Wer wird dem sein Recht geben, der an sich selbst sündigt, und wer wird dem Ehre geben, der sich selbst verachtet?"

Von vielen großen und erfolgreichen Männern habe ich erfahren, wie sie sich selbst verachten. Häufig hat diese Selbstverachtung mit ihrer eigenen Kindheit zu tun, in der sie kaum Wertschätzung erfahren haben oder durch Urteile und Bewertungen erniedrigt wurden. Nicht selten ist dann der berufliche Erfolg nichts anderes als die Kompensation dieser Verächtlichmachung in der Kindheit.

Es ist nicht einfach, aus solchen Gedankenmustern herauszukommen, und es braucht an dieser Stelle sehr viel an innerer Heilung, um solchen Selbstentwertungen zu entkommen. Die Demut lehrt uns auf diesem Weg die Selbstannahme, ja noch mehr: Sie zeigt uns, dass wir uns selbst mögen und ehren dürfen. Egal, was wir auch erfahren oder was andere über uns ausgesprochen haben, wir sind und bleiben Gottes geliebtes Ebenbild. Dieses Bild Gottes in mir und auch in anderen Menschen zu achten, ist wahre Demut.

Der Ausgangspunkt für solche Demut liegt bei Jesus selbst. Aussagen wie: „Er erniedrigte sich selbst" (Philipper 2,8) oder „Ich bin sanftmütig und von Herzen demütig" (Matthäus 11,29) zeigen seine innere Haltung, die von jeder Selbstbespiegelung und jedem Sich-Vergleichen frei war. Jesus sagt: „Lernet von mir. Ich bin sanftmütig und von Herzen demütig." Und er ergänzt: „So werdet ihr Ruhe finden für eure Seelen." Eine Seele, die bei Jesus in die Schule der Demut geht, weiß sich geliebt. Sie findet Ruhe und muss sich immer weniger mit anderen vergleichen.

Die demütige Selbstachtung bewahrt daher nicht nur vor Überheblichkeit, sondern auch vor falscher Resignation. Der Demütige vermag ungeschminkt die eigenen Schwachstellen, Gefährdungen und Versuchungen wahrzunehmen. Er weiß aber auch um seine Stärken und Begabungen. Demütige Menschen haben für sich selbst Maß und Mitte gefunden. Sie wissen um ihre Grenzen und Ressourcen und stehen nicht in der Gefahr, diese ständig zu überschreiten. Demut ist eine heilsame Selbstbescheidung. Sie lässt Grenzen erkennen und hilft der Seele zum Frieden.

Die Frage bleibt, ob und wie man Demut tatsächlich üben kann. Wer sich ausschließlich darauf konzentriert, ein demütiger Mensch zu werden, wird am Ende eher das Gegenteil erreichen. Was aber können wir tun, um demütiges Verhalten einzuüben?

a) Nehmen Sie dankbar wahr, was Gott Ihnen geschenkt hat. Der Demütige ist ein dankbarer Mensch. Dankbarkeit bedarf der täglichen Übung. Es ist eine Hilfe, sich die vielfältigen Gründe zur Dankbarkeit schriftlich festzuhalten.
b) Hören Sie auf die Worte Gottes. Am Anfang der Regel des Benedikt stehen die Worte: „Höre, mein Sohn, auf die Weisung des Meisters, neige das Ohr deines Herzens, nimm den Zuspruch des gütigen Vaters willig an und erfülle ihn durch die Tat!“ Die Demut Jesu zeigte sich darin, dass er auf die Worte des Vaters hörte. Demütiges Hören auf die Schrift

bedeutet, dass man nichts Eigenes in die Schrift hineinträgt. Nicht nur hört, was man schon weiß oder hören will. Demut zeigt sich in der Offenheit, Neues zu entdecken und Neues anzunehmen.

c) Üben Sie sich darin, Menschen zuzuhören. Vielleicht ist dies heutzutage eine der schwersten Übungen. Doch wer es lernt, Gott zuzuhören, sollte auch den Menschen zuhören können. Wer zuhören lernt, gibt zu, dass er nicht alles schon weiß. Er lässt sich etwas sagen und ist bereit, von anderen zu lernen. Jakobus lässt uns wissen: „Ein jeder Mensch sei schnell zum Hören, langsam zum Reden, langsam zum Zorn" (Jakobus 1,19).

d) Versuchen Sie nicht, jemand anderes zu sein, sondern danken Sie Gott dafür, wie er Sie geschaffen hat. So werden Sie mehr und mehr zu dem Original, das Gott gemeint hat. Gott will keine Kopien. Versuchen Sie insbesondere dem Vergleichen mit anderen zu widerstehen. Versuchen Sie auch nicht andere zu imitieren. Sprechen Sie immer wieder mit Psalm 139,14: „Ich danke dir, dass ich wunderbar gemacht bin."

e) Entwerten Sie sich nicht selbst. Selbstbeschimpfungen und Selbstdemütigungen machen Sie nicht nur in eigenen, sondern auch in fremden Augen klein. Darüber hinaus entehren Sie damit Ihren Schöpfer. Als Kind Gottes besitzen Sie eine unzerstörbare Würde.

4. Dem Überdruss begegnen

Rein äußerlich war das Leben in der Wüste nicht besonders abwechslungsreich oder spannend. Die Mönche pflegten die „stabilitas loci". Sie besuchten also kaum andere Orte und reisten wenig. Die täglich zu verrichtenden Gebete verlangten Ausdauer und bedeuteten kaum Abwechslung. Auch der Speiseplan war dürftig. Es gab Obst, Gemüse und ein wenig Brot. Dass der eine oder andere Mönch des kargen Lebens überdrüssig werden konnte, ist daher gut verständlich. Das Gefühl des „Überdrusses" zählte zu den großen Anfechtungen für die Wüstenmönche und nimmt in den Apophthegmata breiten Raum ein. Wörtlich heißt es bei Evagrius Ponticus:

> *Der Überdruss ist eine gleichzeitige lange andauernde Regung von Zorn, Wut und Begehren, wobei der Erstere über das Vorhandene wütend ist, das Letztere aber sich nach dem nicht Vorhandenen sehnt.*

Überdruss ist demnach ein Gefühl der Unzufriedenheit. Von dem Vorhandenen (Essen, Arbeit, Materielles, Beziehungen) hat man genug. Gleichzeitig möchte man die Verhältnisse ändern, auch wenn man nicht weiß, wie. Die Folgen des Überdrusses sind Aggression oder auch Resignation.

Der Schweizer Gelehrte und Mönch Gabriel Bunge bezeichnet den Überdruss als das „Kainsmal unserer

Zivilisation"[60]. Ein Blick genügt, um zu sehen, wie verbreitet dieses Gefühl ist. Sogenannte Querdenker sind des Staates überdrüssig. Lehrer sind ihrer Schüler überdrüssig. Mitarbeiter haben genug von ihren Chefs. Auch in Beziehungen schleicht sich das Gefühl ein. Männer sind ihrer Frauen überdrüssig und umgekehrt. Mancher hat die eigene Verwandtschaft satt. Die Nachbarschaft ist nur noch nervig. Mancher kann sich selbst nicht mehr leiden. Ein anderer will nur noch seine Ruhe. Ein Kollege erzählt mir, er sei „menschenmüde". Er hat einfach genug, sich ständig mit Menschen „herumzuärgern". Das „Kainsmal" des Überdrusses scheint wie eine Seuche in alle Lebensbereiche eingedrungen zu sein. Überdruss stellt eine Art Sackgasse der Seele dar.

Die Wege, diesem Gefühl zu entkommen, scheinen einfach zu sein. Gabriel Bunge sagt: „Eine ganze Unterhaltungs- und Reiseindustrie ist heute einzig damit beschäftigt, den armen Zeitgenossen die Last des Überdrusses zu erleichtern, ja sie nicht einmal zum Bewusstsein kommen zu lassen, dass sie an diesem Übel kranken. Nur kein Stillstand, keine Leere! ‚Geteiltes Leid ist halbes Leid', und die segensreichen Wirkungen einer Reise, eines Tapetenwechsels, sind sie nicht altbekannt? Und doch, damit ist das Übel nicht behoben, sondern nur aufgeschoben. Die schöne Illusion wird verfliegen und der Überdruss wird wiederkommen und stärkere Dosen verlangen."[61]

Die Versuche, dem Überdruss durch Aktivismus zu entkommen, sind wenig Erfolg versprechend. Aktionismus ist keine Lösung. Dazu Bunge: „Es ist die Illusion des vollen Terminkalenders, der uns über unsere innere Leere hinwegtäuschen soll. Sie ist umso gefährlicher, als sie vorgeblich hohen Zielen dient und daher fast unangreifbar ist. Je länger diese Illusion andauert, desto verheerender sind die Folgen. Der Stillstand, das entsetzte Erwachen kommt unweigerlich, früher oder später."[62]

Dass die Mönche dieses Gefühl des Überdrusses kannten, habe ich oben beschrieben. Dabei hatten sie eine sehr treffende Bezeichnung, um dieses Phänomen zu beschreiben. Sie bezeichneten den Überdruss als den „Mittagsdämon" oder auch - in der Sprache der Mönche - als „akedia".

Um es einordnen zu können, muss man sich die Tagesstruktur eines Mönches anschauen. Für die Mönche der Wüste galt die Zeit zwischen der vierten und der achten Stunde des Tages, also zwischen 10 und 14 Uhr, als eine kritische Zeit. Wenn die Sonne am höchsten stand und die Hitze unerträglich schien, wurden Leib und Seele müde. Die Mönche verloren die Lust, etwas zu tun. Die innere Spannkraft, um zu beten, zu studieren oder körperlicher Arbeit nachzugehen, ließ nach.

Biblischer Hintergrund ist das Wort aus Psalm 91,6, wo von der „Seuche" die Rede ist, „die am Mittag Verderben bringt". Dem Zusammenhang nach geht es hier um Unheilsmächte, die des Nachts, aber auch am hellen Tag den gläubigen Menschen überwältigen wollen. Der Mittagsdämon setzt Menschen lahm, macht sie müde, zersetzt ihren Glauben und ihre Widerstandskraft.

Evagrios Pontikos (345–399 n. Chr.), der Lehrmeister der Mönche, betonte allerdings, dass die Wirksamkeit der Akedia sich nicht auf die Mittagszeit beschränke. Deren heimtückische Angriffe können vielmehr zu jeder Tag- und Nachtzeit stattfinden. Sie können das ganze Leben befallen.

In jedem Fall ruft die Akedia einen Zustand des Überdrusses hervor. Die Seele erschlafft. Sie wird müde und lässt sich gehen. Sie verliert ihr Interesse an Gott, am geistlichen Leben oder auch an der eigenen Berufung. Typisch für diesen Seelenzustand der Mönche war der Wunsch, die Wüste bzw. das Kloster zu verlassen. Durch äußere Flucht wollte man den Feind der inneren Abneigung besiegen.

Dass diese Strategie nicht Erfolg versprechend sein konnte, liegt nahe. Die Mönche rieten daher, das Gegenteil von dem zu tun, wozu der spontane Fluchtimpuls einen verleiten wolle. Nicht durch Fliehen, sondern durch Bleiben sollte der Feind überwunden werden.

Eine ihrer wirksamsten Methoden war daher das „Durchhalten". Wenn die Versuchung übermächtig war und zur Flucht bewegen wollte, war der Rat der Mönche, wie „angenagelt" zu bleiben. Dies bedeutete, dass man an Ort und Stelle ausharren sollte, bis die Anfechtung vorbei war. Dazu der folgende Väterspruch:

„Man darf zur Zeit der Versuchung die Zelle nicht verlassen, so vernünftig die Vorwände angeblich auch sind, die man sich zurechtlegt, sondern man muss drinnen sitzen bleiben und ausharren und mutig alle Angreifer empfangen, vor allem aber den Dämon des Überdrusses, der drückender ist als alle anderen und die Seele in höchstem Maße erprobt macht. Denn solche Kämpfe fliehen und umgehen, lehrt den Intellekt, ungeschickt, feige und ein Ausreißer zu sein."[63]

Der Rat der Wüstenväter scheint auf den ersten Blick zu befremden. Wenn wir ihn allerdings beherzigen, vermag er die eigenen Seelenkräfte zu stärken. Der Mönch soll den Gegner empfangen. Weder Flucht noch Ergebung machen die Seele im Umgang mit Anfechtungen erprobt. Was sie vielmehr stark macht, ist die Konfrontation mit dem Gegner bzw. mit der eigenen Schwäche.

Wenn sich also der Geist des Überdrusses meldet, heißt das für den Mönch nicht, ihm nachzugeben. Vielmehr soll er das genaue Gegenteil von dem tun, wozu der böse Geist rät. Nicht die Suche nach Zerstreuung oder Abwechslung lässt die Seelenkräfte des Mönchs erstarken. Vielmehr das Ausharren und Bleiben.

Was ist nun der Vorteil solchen Bleibens? Das Bleiben fördert die innere Reifung und das geistliche Wachstum. An dem Ort, da Gott uns hingestellt hat, sollen wir blühen. Bis er uns an einen anderen Ort beruft. Solange wir aber unsere Platzanweisung haben, sollen wir bleiben. Der Vorteil der Beständigkeit besteht darin, dass Dinge, die begonnen werden, zu Ende gebracht werden. Manchmal lässt sich der Überdruss allein durch beständiges Durchhalten überwinden.

Geistliche Lustlosigkeit, Fluchtgedanken und Überdruss gehören zum christlichen Leben dazu. Wer die

Ursachen solcher Gedanken und Gefühle allerdings allein der Gemeinschaft oder den Umständen zuschreibt, in denen er lebt, unterliegt einer Gefahr. Sei es, dass er sich immer wieder neu auf die Suche nach einer neuen, möglicherweise interessanteren Gemeinschaft macht, um über kurz oder lang festzustellen, dass auch diese seine Wünsche und sein Verlangen nicht zu befriedigen vermag. Sei es, dass er seinen Unmut auf andere Menschen projiziert und nicht wahrnimmt, dass er selbst vor einer Reifungsaufgabe steht, der er sich nicht entziehen soll.

Der Glaube an Gott ist eine Widerstandsbewegung. Widerstand zu leisten, bedeutet manchmal auch zu stehen und nicht wegzulaufen. Zumindest so lange, bis Gott eine neue Platzanweisung gibt. In dem bereits zitierten Psalm hört sich die Verheißung des Bleibens so an:

Wer unter dem Schirm des Höchsten sitzt und unter dem Schatten des Allmächtigen bleibt, der spricht zu dem Herrn: meine Zuversicht und meine Burg, mein Gott, auf den ich hoffe.

5. Maß halten

Zu den Kernfragen geistlichen Lebens zählte für die Mönche die Frage nach dem persönlichen Maß. Immer wieder neigten die Mönche dazu, die geistlichen Übungen zu übertreiben. Manche von ihnen zogen das Fasten über das geforderte Maß hinaus in die Länge. Andere waren übereifrig beim Gebet und vernachlässigten ihre täglichen Pflichten. Manche unter ihnen waren von dem Ehrgeiz getrieben, geistliche Höchstleistungen zu vollbringen.

Das Problem war, dass auf diesem Weg nicht nur die persönliche Eitelkeit gepflegt wurde. Dazu kam auch, dass nicht jedem Mönch in gleichem Maße gegeben war, stundenlang zu wachen, tagelang zu fasten oder nächtelang zu beten. Auch die Mönche waren mit unterschiedlichen Begabungen und Charaktereigenschaften ausgestattet.

Dem Gedanken des Maßes liegt die geistliche Einsicht zugrunde, dass jeder Mönch sein persönliches Maß der Gnade Gottes bekommen hat. Dieses von Gott gegebene Maß befähigt ihn, seiner Berufung zu folgen und eine Sache zum guten Ende zu führen. So schenkt Gott einem Menschen Gnade zu einer bestimmten Aufgabe oder zu einer besonderen Berufung. Nicht jeder hat gleich starke Schultern. Nicht jeder hat dieselbe Kraft und dieselbe Begabung.

Wo der Mensch über das ihm gegebene Maß hinausgeht, folgt er einer Illusion. Er überschätzt, überfordert oder überstrapaziert seine Kapazitäten. Zur

Beschreibung dieses Über-die-Gnade-Hinauswollens verwendeten die alten Mönche die Worte „praesumere" und „praesumptio". „Praesumere" heißt wörtlich „zu früh zu sich nehmen, vor der Zeit genießen". Dem Sinn nach bedeutet es, sich eine Wirklichkeit anzueignen, zu der man noch nicht berufen ist. Wenn es also um Askese geht, so soll ein Mönch sich nicht zu schnell zu viel zumuten. Entweder er erschöpft auf diese Weise sein Kräftereservoir oder er wird auf diesem Wege überheblich. Die Mönche sahen, dass sich hinter dem Ideal asketischen Lebens nicht selten übersteigerte geistliche Ansprüche und Illusionen verbargen.

Die seelsorgerliche Aufgabe besteht darin, das jeweils spezielle Maß, das einem Menschen gegeben ist, zu erkennen. Ein treffendes Apophthegma von Abbas Poimen fasst die Weisheit, die sie in der Unterscheidung leitet, in einem kurzen, prägnanten Satz zusammen: „Alles Übermaß ist vom Teufel." Alles, was über das tatsächliche Maß an Gnade hinausgeht, ist eine Illusion, die garantiert vom Bösen kommt.

Ein anderer, einer Amma, einer geistlichen Mutter, zugeschriebener Spruch ist noch deutlicher:

„Es gibt eine Askese, die vom Feind bestimmt wird, und seine Jünger befolgen sie. Wie ist die königliche Askese, die von Gott kommt, von der tyrannischen, die vom Dämon stammt, zu unterscheiden? Klarerweise durch die symmetria, die Übereinstimmung mit dem Maß. Fehlt das Maß (ametria), ist dies die Quelle des Verderbens."

Nach der Weisung der geistlichen Mutter kommt es

also auf eine Symmetrie zwischen gewährter Gnade und dem an, was der Asket vollbringt. Wird dieses Maß überschritten, wird es zum Übermaß. Wir sehen, dass Gnade immer etwas ganz Persönliches ist, das jemand in einer ganz bestimmten Situation ganz konkret von Gott erhält. Oder sagen wir es ganz profan: Nicht jeder ist für jede Aufgabe gebaut. Jeder hat seine Grenzen. Grenzen gehören zu unserem Menschsein dazu.

Der Sozialwissenschaftler Meinhard Miegel schreibt in seinem Buch „Hybris – Die überforderte Gesellschaft“[64], die Krise der westlichen Kultur sei darin begründet, dass der Mensch versuche, „die Gottesidee völliger Unbegrenztheit diesseitig zu wenden“. Dafür strebe er unersättlich nach mehr, schneller, höher, weiter. „Maß und Mitte oder menschliche Proportionen wurden zu Synonymen für Spießertum und Mittelmäßigkeit, für Langeweile.“[65] Kein Mensch sei mit purer Mittelmäßigkeit zufrieden. Mit mittelmäßiger Arbeit genauso wenig wie mit einer mittelmäßigen Partnerschaft oder mittelmäßigen Kindern.

Die Kehrseite dieses Strebens nach dem Maximalen und dem Außergewöhnlichen ist nicht selten Überforderung und Erschöpfung. Die Werbung tut ihr Übriges dazu. Sie stellt uns ein perfektes, glückliches und erlebnisreiches Leben in Aussicht. Ständig sind wir daher auf der Suche nach Glücksmomenten, sei es im Beruf, in der Beziehung oder im Urlaub. Diesem Sog nach dem perfekten Glück auf Erden kann man sich kaum entziehen.

Doch nicht nur im Streben nach Genuss und Perfektion kommt es zum Übermaß. Viele steigen aus der Konsumgesellschaft aus und wenden sich komplett von Geld und Erfolg ab. Sie wollen sich mäßigen. Sie lieben Verzicht, sie leben aus Containern oder im Wald. Doch auch im Verzichten kann der Bogen überspannt werden. Wer sich gesund ernähren will, verbannt Zucker, Fett und weißes Mehl vollends aus seinem Leben. Fleisch sowieso. Es gibt offenbar auch eine Maßlosigkeit im Sich-Mäßigen.

Längst hat die Maßlosigkeit auch die Politik und die Wirtschaft erreicht. Professor Miegel vergleicht den Bau der Hamburger Elbphilharmonie und des Berliner Flughafens mit dem Turmbau zu Babel. Ihnen gemein seien Selbstüberschätzung, Verblendung und Großmannssucht. Und obgleich nahezu jede Stadt „bauliche Manifestationen menschlicher Unzulänglichkeit, gepaart mit Überheblichkeit" vorzuweisen habe, werde weiter geplant, noch größer und gigantischer. Ähnlich wie in der Turmbau-Geschichte gilt auch heute: Die Welt ist nicht genug.

Dass wir Maß und Mitte wiederfinden müssen, scheint uns dabei längst klar zu sein. Doch wie kommen wir dorthin? Auch Meinhard Miegel ist davon überzeugt, dass ein Paradigmenwechsel bevorsteht. „Die Völker der früh industrialisierten Länder haben alles, wonach die große Mehrzahl der Menschen strebt", schreibt der Sozialwissenschaftler. „Was ihnen fehlt, sind Klugheit und vor allem Weisheit."[66] Dennoch zeige sich, dass das „Weiterhasten ohne Ziel und Grenzen" mehr und mehr an Faszination und Motivation verliere. Der Benediktinerpater Anselm Grün stellt in seinem Buch „Die Kunst, das rechte Maß zu finden" ebenfalls fest: „Bei aller Maßlosigkeit, die wir in unserer Gesellschaft wahrnehmen, entdecke ich bei sehr vielen Menschen die Sehnsucht nach dem rechten Maß."[67]

Nun ist die Frage des Maßhaltens nicht nur eine Sache persönlicher Disziplin und Werteorientierung. Es geht dabei zutiefst auch um unsere eigene Seele. Diese, so haben wir eingangs festgestellt, ist ihrem Wesen nach unersättlich. Sie kriegt nie genug. Die Frage des Maßhaltens ist daher zuerst eine Frage an unsere Seele, an unser Herz. Kann ich für das Gegebene dankbar sein? Kann ich mich an kleinen Dingen freuen? Sehe ich nur die eigenen Bedürfnisse oder auch die des anderen? Bin ich frei zum Verzicht?

Jesus spricht davon, dass wir sein Joch auf uns nehmen sollen. Damit meint er ein bestimmtes Maß an Last und Verpflichtung. In diesem Maße werden wir Ruhe finden für unsere Seele. Jesus, der Seelenkenner, weiß sehr gut, wie es um uns beschaffen ist. Er weiß sehr wohl, was ein Mensch tragen kann und was ihn überfordert. Er hat eine Ahnung davon, unter welchen Jochen Menschen zerbrechen, und davon, was ihre Seele aufleben lässt.

Wer für sich ein gutes Maß finden will, muss sich daher ein paar Fragen stellen. Dabei geht es immer um die Verhältnismäßigkeit. Wer über seinen Verhältnissen lebt, wird am Ende Schaden nehmen. Aber auch die Seele dessen, der seine Möglichkeiten nicht ausschöpft, wird sich am Ende in einer Krise befinden.

a) Wo empfange ich in meinem Leben Gutes? Wo gebe ich Gutes weiter? Befindet sich beides in einem guten Verhältnis? Besteht eine Balance zwischen Empfangen und Weitergeben? Die Frage des Empfangens beziehungsweise des Aufnehmens ist eine Grundfrage unseres Lebens. Unsere Seele ist bedürftig. Sie ist auf Versorgung mit Liebe, menschlicher Nähe, guten Worten, guten Erfahrungen und schönen Eindrücken angewiesen. Genauso aber gilt, dass unsere Seele zum Weitergeben bestimmt ist. Nur wo Empfangenes durch sie hindurchfließt, bleibt sie lebendig. Es gehört zu den beglückenden Erfahrungen, wo wir anderen Gutes tun, sie beschenken und ihnen helfen.
b) Wie ist es um das Verhältnis von Arbeit und Ruhe bestellt? Finde ich bei aller Arbeit Zeit zur Ruhe und umgekehrt: Finde ich bei aller Entspannung und Ruhe auch immer wieder Motivation und Freude an meiner Arbeit? Kann ich mich voll und ganz in eine Arbeit reingeben und in ihr aufgehen und sie dann auch wieder gelassen ablegen? Finde ich bei aller Arbeit die innere Ruhe zum Gebet und zur Ausrichtung auf Gott?
c) Kann ich für mich allein sein und wo und wann bin ich mit anderen zusammen? Für die Mönche zählte das Alleinsein zu den wichtigsten Übungen. Dazu hielten sie sich in ihren Zellen auf. Im Alleinsein mit sich selbst und mit Gott fanden sie zur Selbsterkenntnis und lernten dabei, sich selbst wahrzunehmen und anzunehmen. Aus dieser Erfahrung heraus wurden sie zu guten Seelsorgern,

die anderen zuhören und sie verstehen konnten. Das Alleinsein also ist die Voraussetzung, um gut mit Menschen umgehen zu können. Wer es mit sich selbst allein aushält, hält es auch mit anderen Menschen aus. Wer allerdings nur allein ist, kann einsam werden. Umgekehrt verliert derjenige, der sich nicht zurückziehen kann, das Gespür für sich selbst und für andere.

d) Wie ist es um das Verhältnis von Genuss und Verzicht in meinem Leben bestellt? Plane ich Zeiten des Verzichts bewusst ein? Kann ich mir hin und wieder etwas Gutes gönnen? Zu den ersten Leidenschaften der Mönche zählte die Fresslust oder auch die Völlerei. Dabei hatten sie ein feines Gespür dafür, dass das viele Essen nicht nur dem Leib, sondern auch der Seele schadete. Diese wird allmählich voll des Überdrusses und sucht daher nach immer neuen abwechslungsreichen und leckeren Mahlzeiten. Je mehr der Leib verschlingt, desto mehr Lust bekommt auch die Seele. Dennoch hielten die Mönche nichts von Übertreibungen in der entgegengesetzten Richtung.

e) Folgender Rat ergeht an eine Klosterfrau: „Sage nicht: Heute esse ich nicht und morgen esse ich nicht. Denn nicht mit Klugheit tust du dies. Es schadet nämlich deinem Leib und bereitet deinem Magen Schmerzen." Auch das Fasten sollte angemessen sein. Es soll nicht dem Zwang unterliegen, sondern der Freiheit. Fasten meint daher alles andere, als zähneknirschend zu verzichten. Es geschieht vielmehr freiwillig, und zwar nicht zur

Befriedigung des eigenen Ehrgeizes, sondern um Gottes willen. Fasten ist so gesehen ein Ausdruck der Liebe zu Gott.

f) Finde ich genügend Schlaf? Bin ich tagsüber müde und schlapp oder frisch und lebendig? Oder schlafe ich zu lange und finde morgens nicht aus dem Bett? Wer erst im letzten Augenblick aufsteht, darf sicher sein, dass er seine Arbeit voller Unlust und Verdrossenheit anfangen wird. Wer sich dagegen ein gesundes Maß an Schlaf gönnt, darf sicher sein, dass er nicht nur leistungsfähiger, sondern auch motivierter und am Ende auch erfolgreicher bei seiner Arbeit sein wird.

Jede dieser Fragen führt uns unsere eigenen Gefährdungen vor Augen. Sie zeigen uns aber auch, wie wir selbst zu Maß und Mitte finden können. Dabei bedarf es eines Übens und Ausprobierens. Vor allem bedarf es einer gesunden Disziplin. Disziplin aber meint nichts anderes, als sich in eine Schule der Selbstregulierung zu begeben.

6. Negativen Gedanken entgegentreten

Synkletike, eine der großen Frauen in der Bewegung der Wüstenmönche, vergleicht die Seele mit einem Schiff auf hoher See. Ein Schiff sei vom Versinken bedroht, wenn durch ein Leck, und sei es noch so klein, unentwegt Wasser in den Bauch des Schiffes gelange. Nur beständige Wachsamkeit könne deshalb das Schiff des Lebens retten.

Solche unscheinbaren Lecks können negative Gedanken sein. Sie können durch die kleinsten Ritzen in unsere Seele eindringen, sich einnisten und am Ende gar die Herrschaft über unsere Seele gewinnen. Anselm Grün hat Wege aufgezeigt, wie man mit seinem Gedankenchaos umgehen kann. Dabei hat er betont, dass es sich bei den einstürmenden Gedanken nicht um rationale Erwägungen handelt, sondern dass diese Gedanken sich auf der viel tieferen Ebene der Emotionen, der Sehnsüchte und der Ängste bewegen.

Die Wüstenväter hatten sich nicht zuletzt deshalb in die Einsamkeit zurückgezogen, um diesen versteckten Emotionen und Ängsten auf die Spur zu kommen, sie zu identifizieren und gegen sie zu kämpfen. Dabei lautete das Grundprinzip des Umgangs mit negativen Gedanken, dass man deren Erscheinen zwar nicht verhindern könne. Die Aufgabe des Mönches aber bestehe darin, solchen Gedankenmächten zu widerstehen. Aufschlussreich ist in dieser Hinsicht der folgende Väterspruch:

„Ein Bruder kam zum Altvater Poimen und sagte: ‚Vater, ich habe vielerlei Gedanken und komme durch sie in Gefahr.' Der Altvater führte ihn ins Freie und sagte zu ihm: ‚Breite dein Obergewand aus und halte die Winde auf!' Er antwortete: ‚Das kann ich nicht!' Da sagte der Greis zu ihm: ‚Wenn du das nicht kannst, dann kannst du auch deine Gedanken nicht hindern, zu dir zu kommen. Aber es ist eine Aufgabe, ihnen zu widerstehen.'"[68]

Der Rat des alten Mönchvaters ist seelsorgerlich klar. Der Mönch braucht sich für die ihn bedrängenden Gedanken nicht zu entschuldigen, zu rechtfertigen oder gar zu verurteilen. Doch soll er sie bekämpfen. Dass uns nicht allein inspirierende, heilvolle und Zuversicht schenkende Gedanken begegnen, sondern auch destruktive, beschwerliche und aufwühlende, gehört zu unserem Menschsein dazu. Wir leben in einer gefallenen Welt, die unsere Seele in Angst und Schrecken versetzen kann. Negative Gedanken können dabei wie Pfeile sein, die sich in unsere Seele bohren. Bevor wir uns nun näher mit den Strategien der Wüstenmönche gegen solche schädlichen Impulse beschäftigen, schauen wir uns deren Einreden genauer an.

Neben der „akedia", dem Überdruss, spielte für die frühen Mönche vor allem der Gedanke der Traurigkeit bzw. der Mutlosigkeit eine bedeutsame Rolle. Nach Evagrios Ponticos entsteht die Traurigkeit vor allem durch das Hängen an Vergangenem. Ein

Mönch etwa erinnert sich an sein früheres Leben, sein Elternhaus und seine Freunde. Er redet sich ein, dass damals im Vergleich zu dem entbehrungsreichen Leben in der Wüste alles schöner und besser gewesen sein soll. Die Vergangenheit wird auf diese Weise verklärt. Die Gegenwart hingegen bedeutet nur Beschwernis.

Wenn sich der Mensch in seiner Vergangenheit vergräbt, verliert er den Blick für die Gegenwart und was sie ihm zu bieten hat. Vor allem in Verlustsituationen erlebe ich es, wie Menschen sich an die Vergangenheit klammern. Nun hat die Trauer gewiss ihr Recht und auch ihre Zeit. Was aber geschieht, wenn einer aus dem Loch seiner Traurigkeit nicht mehr herausfindet? Was passiert, wenn sich jemand an den verstorbenen Partner, den verlorenen Job oder das vergangene Glück in einer Weise gebunden fühlt, dass er sich selbst komplett darin verliert? Er verliert nicht nur die Gegenwart, sondern auch die Realität.

Die Realität aber ist, dass auch die Gegenwart Chancen bietet und voll von Überraschungen ist. Das Leben im Hier und Jetzt mag zwar anders sein als die zurückliegende Zeit, auf die sich sehnsuchtsvoll die Gedanken richten. Aber es ist trotzdem wertvoll und ein Geschenk Gottes. Jeder Tag hat seine Plage. Jeder Tag aber hat auch seine Chance. Wohin richtet sich nun mein Blick? Worauf richten sich meine Gedanken?

Auch im Blick auf die Kirche und den Glauben flüchtet mancher in eine romantische Verklärung der guten alten Zeiten. War der Kirchenbesuch früher nicht besser? War die Bevölkerung nicht frömmer, die Jugend nicht gottesfürchtiger und das Kirchvolk nicht glaubensvoller? Wer sich in solchen Gedanken einigelt, hat die Gegenwart und die Zukunft schon verloren. Er hat sich für eine passive Reaktion entschieden, die darauf verzichtet, aktiv an der Gestaltung des Hier und Heute mitzuwirken.

Jesus kritisiert einmal potenzielle Nachfolger, die zu sehr am Vergangenen kleben, mit den Worten: „Wer die Hand an den Pflug legt und sieht zurück, der ist nicht geschickt für das Reich Gottes" (Lukas 9,62).

Oft sind es auch eigene Fehler oder scheinbar falsche Entscheidungen, die einen immer wieder einholen und die Seele bedrücken. Hier kann der Gedanke helfen, dass Gott größer ist als unsere Entscheidungen und auch auf krummen Linien gerade schreibt. Seine Barmherzigkeit kommt durch vermeintliche Fehlentscheidungen unsererseits nicht zu Ende.

Mir persönlich hat dieser Gedanke einmal sehr geholfen, nachdem ich mir über eine getroffene Entscheidung noch lange ein Gewissen gemacht hatte. In endlosen Gedankenschleifen hatte ich meine Entscheidung hinterfragt. War sie wirklich richtig gewesen? War sie voreilig, eigenmächtig und am Ende nicht der Weg gewesen, den ich aus Gottes Sicht hätte gehen sollen? Solche Gedanken zermürben und führen dazu, die Gegenwart zu verlieren. Hilfreich war mir schließlich der Gedanke eines Psalms, wo es heißt, dass die Güte des Herrn so weit wie der Himmel reicht. Gott ist größer und macht seinen Segen nicht davon abhängig, ob ich im Leben alles richtig mache und jede Entscheidung meines Lebens immer in bester Hinsicht getroffen wurde.

Nicht allein der Blick in die Vergangenheit kann einen in die Traurigkeit stürzen. Eine beständige Anfechtung der Mönche bestand, wie oben beschrieben, darin, den Ort zu wechseln. Also die Wüste als Ort der Einsamkeit, der Enthaltsamkeit und der Entbehrung zu verlassen. Sie erkannten, dass dahinter häufig die Suche nach Abwechslung oder Zerstreuung stand. Beides aber hilft der Seele nicht zu echtem Frieden.

„Man erzählte von Abba Theodor und dem Abba Lukios, denen von Ennatu, dass sie fünfzig Jahre mit ihren Gedanken Spott trieben, indem sie sagten: ‚Nach diesem Winter gehen wir von hier fort.' Wenn dann der Sommer kam, sagten sie: ‚Nach diesem Sommer wandern wir von hier aus.' Auf diese Weise machten es diese unvergesslichen Väter die ganze Zeit."[69]

Die Mönchsväter überlisteten die Versuchung, ihr Dasein in der Wüste aufzugeben, durch den Gedanken der „kleinen Intervalle". Der Gedanke, ein Leben lang an einem Ort zu bleiben, mag erschlagend wirken. Den Ort zu verlassen, um vielleicht an einer anderen Stelle endlich das Glück zu finden, klingt dagegen verlockend. Die Mönche durchschauen diese Gedanken als eine Versuchung des Bösen. Wenn es aber der böse Feind ist, der ihnen solche Gedanken einredet, müssen sie diese nicht ernst nehmen. Im Gegenteil. Nun können sie sich darüber lustig machen. Mit einem psychologischen Trick, ihre Präsenz in der Wüste immer wieder um ein halbes Jahr zu verlängern, treiben sie mit dem Teufel ihren Spott.

Oft ist es eine Hilfe, wenn man angesichts großer Herausforderungen, angesichts einer Menge an Aufgaben oder angesichts einer langen Wegstrecke nicht sogleich das Ganze in den Blick nimmt. Der Blick auf das Ganze mag entmutigen. Es ist besser, nur an den nächsten Schritt zu denken. Die kleine Etappe lässt sich nicht nur leichter bewältigen. Sie entlastet auch und führt leichter zu Erfolgserlebnissen.

Häufig ist es ein langer Weg, den eigenen negativen Einreden auf die Spur zu kommen. Noch schwieriger scheint es, sich ihrer zu erwehren. Der Kampf aber ist zur Gesunderhaltung der eigenen Seele nötig. Die Väter wussten bereits um die Gefahr der „Vermüllung der Seele“[70]. Negative, beschwerliche, grübelnde und belastende Gedanken kosten Kraft und Konzentration. Sie ziehen unsere Aufmerksamkeit von dem ab, was wirklich zu tun ist, was die gegenwärtige Situation von uns erfordert. Am Ende können solche Gedanken jedes Handeln, aber auch das geistliche Leben und das Gebet blockieren.

Wir sind heute nicht weniger als die Wüstenmönche damals aufgerufen, auf Herz, Seele und Gedanken zu achten. Die gewaltige Flut an Bildern, Worten und Informationen, die täglich auf uns einstürmt, fordert uns zur Wachsamkeit heraus. Einen hilfreichen Hinweis zum Umgang mit unseren Gedanken bekommen wir von Eugrius Ponticus:

Sei ein Türhüter deines Herzens und lass keinen Gedanken ohne Befragung herein. Befrage jeden Gedanken und sprich zu ihm: „Bist du einer der unseren oder einer unserer Gegner?" (Josua 5,13). Und wenn er zum Hause gehört, wird er dich mit Frieden erfüllen. Wenn er aber des Feindes ist, wird er dich zum Zorn verwirren oder durch Begierden erregen.[71]

Das Bild vom Türhüter lenkt die Aufmerksamkeit in zwei Richtungen. Einmal achtet der Türhüter darauf, dass nur „geladene Gäste" eintreten. Wir verstehen darunter Gedanken des Trostes und Gedanken der Ermutigung. Solche Gedanken können in Form von Liedern oder biblischen Verheißungen an uns herantreten. Es kann die schlichte Wahrheit Gottes sein: „Ich bin da", „Sei getrost" oder „Hab keine Angst". Umgekehrt gilt es, Gedanken zurückzuweisen, die zu übertriebener Sorge, Geiz, Hochmut, Neid, Traurigkeit, Maßlosigkeit oder auch falscher Begierde anleiten.

Von Jesus können wir lernen, wie er in seiner Versuchung mit Bibelworten die maßlosen Gedanken des Widersachers zurückgewiesen hat. Unsere Seele ist ein Garten. Unsere Aufgabe ist es, darauf zu achten, was in ihm wächst, und zwar täglich. Wir haben den achtsamen Umgang mit der Umwelt draußen gelernt. Der achtsame Umgang mit dem Garten in unserem Inneren ist nicht weniger wichtig. Wie die Pflanzen in unseren Beeten Raum benötigen, um sich zu entfalten und Luft zu atmen, so soll auch unsere Seele nicht von allerlei Unkraut überwuchert werden.

Sie davor zu bewahren, bedeutet allerdings nicht weniger, als sich auf einen beständigen Kampf einzulassen. Die besten Waffen in diesem Kampf waren für die Wüstenväter Psalmenworte. Was wir im ersten Teil unseres Buches beschrieben haben, nämlich beständig die Psalmen zu meditieren, wird durch die Wüstenväter bestätigt. Worte wie aus Psalm 27,2-3 sind eine Hilfe:

> *Wenn die Übeltäter an mich wollen, mich zu verschlingen, meine Widersacher und Feinde, müssen sie selbst straucheln und fallen. Wenn sich auch ein Heer wider mich lagert, so fürchtet sich dennoch mein Herz nicht, wenn sich Krieg wieder mich erhebt, verlasse ich mich auf ihn.*

Die Ängste mögen vielfältig und groß sein. Gottes Wort aber ist stärker. Das wiederholende Beten solcher Worte vertreibt die Feinde und stärkt die inneren Abwehrkräfte.

7. Das äußere Chaos ordnen

Gott ordnet die Zeit. Diese Wahrheit entnehmen wir zunächst dem biblischen Schöpfungsbericht. Zeit ist nicht nur dahinfließend und übergangslos. Die Zeit ist vielmehr strukturiert. So lesen wir im Schöpfungsbericht, dass Gott zwischen Tag und Nacht und einzelnen Tagen unterscheidet. Dabei hat der Sonntag eine hervorgehobene Bedeutung. Es gehört zu Gottes schöpferischem Tun, dass er die Zeit ordnet und diese nicht einfach verströmen lässt.

Doch nicht nur die Zeit ist geordnet. Geordnet ist die ganze Welt. Alles bekommt seinen Platz und seine ihm zugewiesene Funktion. Damit ist Vorsorge getroffen, dass das Chaos in unserer Welt nicht überhandnimmt und sie nicht im Chaos versinkt. Der Astrophysiker Thomas Schimmel sagte in einem seiner Vorträge, wie „fein getunt" das gesamte Universum sei. Er meinte damit, wie millimetergenau Umlaufbahn, Geschwindigkeit und Distanzen der einzelnen Planeten im Weltall bestimmt seien. Würde man auch nur an einer Konstante eine Kleinigkeit ändern, würde das Universum im Chaos versinken. Gott ist kein Gott des Chaos, sondern des Friedens. Er ordnet und strukturiert. Gibt den Sternen ihre Umlaufbahn, dem Jahr seine Tage, der Woche ihren Ruhetag und jedem Tag lässt er die Nacht folgen.

Die Tatsache, dass das Chaos einer sinnvollen Ordnung bedarf, gilt nicht allein für die Weiten des Weltalls und der Schöpfung, sondern auch für unsere kleine private Welt. Denn auch hier droht das Chaos die Ordnung Stück um Stück zurückzuerobern. Das beste Beispiel hierfür mag der Schreibtisch sein. Nach nur wenigen Stunden, in denen ich an meinem Schreibtisch arbeite, nimmt das Chaos überhand. Bücher bedecken die Oberfläche. Dazwischen kleine Notizzettel, das Handy, eine Kaffeetasse und nicht zuletzt allerhand Schreibwerkzeug lassen den Eindruck eines Chaos entstehen. Dieses zu bändigen, ist eine Aufgabe, die regelmäßig zu bewältigen ist.

Der Pfarrer, Autor und Karikaturist Tiki Küstenmacher schreibt dazu: „Ein Schreibtisch ist eine Art Metapher für das, was in unserem Kopf los ist. Bei kreativen Vorgängen bedeuten solche Stapel oft: ‚Ich schöpfe aus dem Vollen.' Das funktioniert eine Zeit lang gut – bis es unübersichtlich wird. Und dann gibt es eine negative Rückkoppelung: ‚So chaotisch, wie es auf meinem Schreibtisch ausschaut, so chaotisch sieht es in mir drin aus.'"[72]

Es kommt darauf an, dass wir dem Chaotischen im Leben beständig eine Grenze setzen. So ist es z. B. sehr viel einfacher, täglich eine bestimmte Zeit festzusetzen, um gegen die Unordnung etwas zu tun. Wenn ich z. B. täglich nur fünf Minuten dafür verwende, meinen Schreibtisch aufzuräumen, wird sich das Chaos in Grenzen halten. Wenn ich mir jede Woche eine Stunde Zeit nehme, um meine schriftlichen Dinge zu erledigen, Rechnungen zu bezahlen, amtliche Schreiben zu beantworten, Unterlagen zu sortieren, werde ich mit der Zeit einen relativ stressfreien Umgang damit einüben.

Ich selbst bin absolut kein Ordnungsfanatiker. Doch habe ich im Laufe der Zeit gelernt, wie die Zeit, die ich in das Ordnunghalten investiere, mir selbst guttut. In Zeiten, in denen ich dem Chaos seinen Lauf lasse, fühle ich mich unsicher. Es plagen mich Gedanken, ob ich auch an alles gedacht und nichts vergessen habe. Das Gefühl, dass ich noch so vieles zu erledigen habe, wirkt bedrohlich und erzeugt inneren Stress. In dem Moment, wo ich allerdings beharrlich, nicht bis zur Perfektion, aber nicht nachlassend gegen das Chaos ankämpfe, kommt mein Leben in ruhigere Bahnen.

Dazu ein Beispiel aus der Welt der Wüstenväter:

„Ein Bruder fiel in Versuchung und war darüber so verwirrt, dass er sein geregeltes Leben verlor. Als er wieder anfangen wollte mit der Beachtung der Regel, hielt ihn ein tiefer Kummer davon ab und er sagte sich: Wann werde ich wieder der sein, der ich war? Dabei verlor er den Mut und es fehlte ihm die Kraft, wieder neu anzufangen. Da ging er zu seinem Altvater und erzählte ihm, was mit ihm geschehen war. Der Greis hörte sich an, was ihn bedrückte, und erzählte ihm die folgende Geschichte:

‚Ein Mann besaß einen Acker, den er aber aus Nachlässigkeit verwildern ließ, sodass er von Disteln und Dornen übersät war. Später aber wollte er ihn wieder urbar machen und sagte zu seinem Sohn: Geh, und reinige den Acker! Der Sohn ging hin, um ihn zu reinigen. Als er sah, wie viel Unkraut dort war, verlor er den Mut und sagte zu sich: Wie soll ich das alles ausreißen und fortschaffen? Und er legte sich hin und schlief.

So machte er es viele Tage lang. Als sein Vater kam, um nachzusehen, wie weit sein Sohn gekommen war, fand er ihn müßig. Und er fragte ihn: Warum hast du bis jetzt überhaupt nichts getan? Da antwortete der Sohn: Als ich gekommen war, um zu arbeiten, sah ich die Unmenge von Disteln und Dornen, und da wusste ich nicht, wo ich anfangen sollte, und vor Unmut legte ich mich auf die Erde und schlief. Darauf sagte der Vater: Mein Sohn, arbeite täglich nur so viel, als dein Körper, wenn du liegst, Raum einnimmt. So wirst du in deiner Arbeit vorankommen und nicht entmutigt werden. Als der Sohn das hörte, handelte er danach, und in kurzer Zeit war der Acker gereinigt und wieder urbar gemacht.

Für dich, Bruder, gilt das Gleiche. Arbeite Stück für Stück, dann wirst du den Mut nicht verlieren und mit Gottes Hilfe wieder der werden, der du warst.' Als der Bruder das gehörte hatte, ging er davon und machte es mit Beharrlichkeit so, wie es der Altvater gesagt hatte. Auf diese Weise brachte er es vorwärts und fand seine innere Ruhe wieder."[73]

Das Beispiel lässt den Zusammenhang von äußerem Chaos und innerer Unruhe verstehen. Erst nachdem der Mönch gelernt hatte, dem großen Chaos mit kleinen Schritten zu begegnen, fand er wieder zu seinem inneren Frieden. Chaosbändigung ist eine beständige Aufgabe. Gott wehrt beständig dem Chaos, indem er es täglich Tag und Nacht werden lässt, indem er den Lauf der Welt erhält und das Universum in seinen Bahnen lenkt. Beginnen wir also täglich, beharrlich und beständig unser kleines Chaos zu ordnen. Sei es am Schreibtisch oder sei es der eigene Garten, der Zustand meines Autos oder nicht zuletzt mein Terminkalender.

Ein großes Thema in der täglichen Chaosbewältigung besteht in der Ordnung der Zeit. Die Zeit des verordneten Lockdowns bedeutete in mancher Hinsicht eine große Herausforderung. Plötzlich hatten wir Zeit. Viele Termine waren abgesagt. Wir konnten uns kaum noch mit anderen treffen. Besprechungen fielen weg. Die Arbeit fand überwiegend zu Hause statt. Die Tage verloren ihre gewohnte Struktur.

Was aber anfangen mit der neu zur Verfügung stehenden Zeit? Für viele waren diese Wochen und Monate des Lockdowns Phasen der Erholung und Entspannung. Für andere aber waren es beinahe unerträgliche Zeiten des Müßiggangs. Die permanente Unterforderung legte sich aufs Gemüt. Der Verlust an Tagesstruktur und sinnvoller Arbeit ließ sie zusätzlich ermüden und machte sie gereizt. Wer sich dagegen in diesen Monaten eine einigermaßen sinnvolle Tagesstruktur gab, konnte diese schwierigen Wochen emotional besser durchstehen. Nicht nur der Schreibtisch, auch die Zeit bedarf der Ordnung, damit es unserer Seele gut geht.

Es lohnt sich daher, den folgenden Bibeltext aus Prediger 3,1-8 langsam, meditierend zu lesen:

Ein jegliches hat seine Zeit,
und alles Vorhaben unter dem Himmel hat seine Stunde:

Geboren werden hat seine Zeit, sterben hat seine Zeit;
pflanzen hat seine Zeit, ausreißen, was gepflanzt ist, hat seine Zeit;
töten hat seine Zeit, heilen hat seine Zeit;
abbrechen hat seine Zeit, bauen hat seine Zeit;
weinen hat seine Zeit, lachen hat seine Zeit;
klagen hat seine Zeit, tanzen hat seine Zeit;
Steine wegwerfen hat seine Zeit, Steine sammeln hat seine Zeit;
herzen hat seine Zeit, aufhören zu herzen hat seine Zeit;
suchen hat seine Zeit, verlieren hat seine Zeit;
behalten hat seine Zeit, wegwerfen hat seine Zeit;
zerreißen hat seine Zeit, zu nähen hat seine Zeit;
schweigen hat seine Zeit, reden hat seine Zeit;
lieben hat seine Zeit, hassen hat seine Zeit;
Streit hat seine Zeit, Friede hat seine Zeit.

Vierzehn Gegensatzpaare weisen auf die Ambivalenz des Lebens hin. Die ganze Breite und Vielfalt des Lebens wird angesprochen und auch seine negativen und düsteren Aspekte werden nicht ausgeklammert. Leicht ließe sich die Liste verlängern: „Gesundheit hat ihre Zeit, Krankheit hat ihre Zeit." „Warten hat seine Zeit, Genießen hat seine Zeit." Schon diese erste Einsicht kann uns helfen, mit unterschiedlichen Zeiten und Phasen des Lebens besser zurechtzukommen.

So wie das Pflanzen und das Bauen, das Lachen und das Lieben ihre Zeit haben, so hat auch das Ausreißen, Abbrechen, Weinen und das Hassen seine Zeit. In der Konsequenz bedeutet dies, dass jede einzelne Zeit, jeder Abschnitt oder auch jede Phase im Leben ihren eigenen Charakter, ihren eigenen Sinn, aber auch ihre Grenze hat. Das Weinen hört wieder auf. Zum Glück! Die Klage setzt sich nicht unendlich fort! Aber auch das Glück des Tanzes und der Liebe haben Zeit und Stunde.

Eine Schwierigkeit von uns modernen Menschen besteht darin, dass wir nie ganz da sind. Will uns jemand etwas erzählen, sind wir in Gedanken schon beim nächsten Termin. Sitzen wir im Restaurant mit jemandem zu Tisch, beobachten wir gleichzeitig die anderen Gäste, statt uns mit unserem Gegenüber zu unterhalten. Sitzen wir in einer Besprechung, so bearbeiten wir gleichzeitig die eingehenden Mails auf unserem Notebook.

Wir haben uns daran gewöhnt, viele Dinge gleichzeitig zu tun und in gewissem Umfang mag diese Technik auch erfolgreich sein. Gleichzeitig aber geht uns die Aufmerksamkeit für den Moment, der Genuss der Gegenwart verloren. Wer zu vieles gleichzeitig macht, macht leicht Fehler, fühlt sich gestresst und überfordert.

Gott ist der Herr der Zeit. Sie ist Geschenk und Gabe. Das Problem liegt darin, wie wir mit unserer Zeit umgehen. Häufig ist sie überfrachtet.

Bei Einkehrtagen bei der Kommunität Gnadenthal hatte ich den folgenden aufrüttelnden Traum: Ich sah in diesem Traum einen orangefarbenen VW-Käfer, ein Modell, das ich als junger Mann selbst besessen hatte. Sechs oder acht Personen saßen bereits in dem Gefährt, das damit bis an den Rand gefüllt war. In einer zweiten Szene des Traumes sah ich eine weitere Person mit einem Stapel von Matratzen. Die Person bestand darauf, dass auch diese Bettteile noch Platz im Auto finden sollten. Ich war verzweifelt. Wie sollte ich in einen bereits übervollen Wagen diese sperrigen Teile unterbringen? Danach wachte ich auf.

Am nächsten Tag erzählte ich diesen Traum meinem Begleiter, der ihn sofort zu deuten wusste: „Ihr Leben ist zu voll!" Dann erzählte er mir jene Begebenheit aus dem Leben des Apostels Paulus, der kurz vor der Insel Malta mit dem Schiff zu kentern drohte. Paulus hatte angesichts dieser realen Gefahr beschlossen, die Ladung des Schiffes über Bord zu werfen. Nur so konnte er samt der Besatzung des Schiffes gerettet werden. „Was werden Sie nun über Bord werfen?", war die abschließende Frage meines Begleiters.

Tatsächlich war mein Leben zu voll. Und ich gestehe ein, dass ich immer wieder in der Gefahr stehe, dass es ein Zuviel an Aufgaben und Terminen gibt. Doch habe ich inzwischen das Entrümpeln gelernt. Dabei spielt die Frage eine Rolle: Welche Aufgabe ist wirklich wichtig, welche entspricht meinen Gaben und meinem Auftrag? Wer ständig mit einem Zuviel an Lasten unterwegs ist, wird irgendwann von diesen Lasten erdrückt.

Der gute Rat der Mönche und auch des alttestamentlichen Predigers, dass allem und jedem seine Zeit gegeben ist und alles und jedes seine Zeit braucht, kann hier weiterhelfen. Es gibt ein ungesundes Zuviel, das unsere Seele unter Druck bringt. Eine Maßnahme gegen das Zuviel kann sein, eines nach dem anderen und jedes zu seiner Zeit zu tun. Insgesamt auf das tragbare Maß zu achten und sich hin und wieder von Aufgaben und Ballast zu entledigen.

8. Entscheidungen treffen

Das Leben fordert uns täglich zu kleinen und großen Entscheidungen heraus. In einer Welt der tausend Möglichkeiten wird dies allerdings für viele immer mehr zum Problem. Für manchen beginnt die Qual der Wahl schon morgens vor dem Kleiderschrank, wenn er sich fragt, was er anziehen soll. Aber auch beim Einkaufen oder bei der Freizeitgestaltung sind wir vor Entscheidungen gestellt. Dazu kommen Entscheidungen, die wir im beruflichen Alltag zu treffen haben.

Viele Entscheidungen fallen uns leicht. Erfahrungswissen und Routine lassen uns instinktiv die richtigen Entscheidungen treffen. In manchen Situationen allerdings, sei es die Wahl des Studienfachs oder der Arbeitsstelle, der Kauf eines Autos oder die Entscheidung für oder gegen einen Lebenspartner, tun wir uns naturgemäß schwerer. Sie brauchen Zeit und bedürfen eingehender Prüfung.

Eine nicht unwesentliche Rolle in der Entscheidungsfindung spielt das, was ich als unsere innere Konstitution bezeichnen möchte. Perfektionisten z. B. tun sich in Entscheidungen in aller Regel schwer. Dabei spielt die Angst, einen Fehler zu machen oder eine Entscheidung zu treffen, die sich im Nachhinein als falsch herausstellt, eine große Rolle. Jede Entscheidungsfindung kann für sie zu einem langwierigen und kräfteraubenden Prozess werden. Im Extremfall kann dies zu Erschöpfung und Handlungsunfähigkeit führen.

Anders verhält es sich bei sogenannten „Bauchmenschen“. Sie folgen ihrer Intuition und nehmen es in Kauf, auch mal eine falsche Entscheidung getroffen zu haben. Stellt sich eine Entscheidung im Nachhinein als Fehler heraus, so sehen sie diesen eher als Chance zur Weiterentwicklung und zur Reifung.

Bauchentscheidungen müssen nicht grundsätzlich verkehrt sein. Dennoch sind sie risikobehaftet und nicht immer führt ein Risiko zum gewünschten positiven Ausgang. Vor allem größere, die Zukunft bestimmende Entscheidungen sollten daher nicht spontan gefasst werden. Eine andere Schwierigkeit kommt hinzu: Auch die Bequemlichkeit, sich mit einer Sache auseinanderzusetzen oder diese zu Ende zu denken, kann ein Grund für vorschnelle Entscheidungen sein, die man im Nachhinein bereut.

Ob wir nun Kopfmenschen sind, die sich wohlinformiert entscheiden, oder Bauchmenschen, die aus der Situation heraus Entscheidungen treffen, ob wir Zauderer sind und Entscheidungen verschleppen oder ob wir schnell für klare Verhältnisse sorgen wollen: Anstehende Entscheidungen wollen getroffen werden. Der Rat guter Freunde und auch das Gebet können uns dabei helfen. Treffen müssen wir sie allerdings letztlich selbst.

Es ist ein Zeichen menschlicher und auch geistlicher Reife, verantwortungsvoll zu entscheiden. Eine Entscheidung zu lange aufzuschieben, ist daher ebenso wenig ein guter Rat, wie Dinge unter Zeitdruck zu beschließen. Auch in Zeiten seelischer Krisen ist es ratsam, keine großen Entscheidungen zu treffen. Auch keinen Entschluss zu fassen, ist eine Entscheidung, allerdings eine passive. Man überlässt sich in diesem Fall dem Gang der Dinge mit allen Folgen, die mit einer nicht getroffenen Entscheidung einhergehen mögen.

In der Welt der frühen Mönche spielt die Gabe der Unterscheidung der Geister eine große Rolle in Entscheidungssituationen. Dazu ist uns der folgende Väterspruch überliefert:

„Abbas Ammonas sagte: Da verbringt einer seine ganze Zeit damit, die Axt herumzutragen, und kann keinen Baum fällen. Ein anderer versteht das Fällen und legt mit wenigen Streichen einen Baum um. Und er erklärte, dass die Axt die Unterscheidungsgabe bedeutet."[74]

Durch die Wahrnehmung des eigenen Herzens sowie durch das beständige Studieren des Wortes Gottes und das Gebet hatten die Mönche die Gabe der Unterscheidung der Geister ausgebildet. Sie verstanden darunter die Fähigkeit, Schein und Sein, Göttliches und Menschliches, Wahrheit und Lüge voneinander zu unterscheiden. Wie eine Axt beim Fällen eines Baumes, so sollte auch diese Gabe entschlossen gebraucht werden. Denn entscheidend war, dass die Axt auch wirklich zum Einsatz kam. Mancher trug die Axt zwar beständig bei sich, machte jedoch niemals Gebrauch davon.

Die Gabe der Unterscheidung hilft, die zu entscheidenden Sachverhalte zu prüfen. Sie sieht den Dingen auf den Grund, durchschaut die Geister, sieht, wo sie sich tarnen oder nur dem Scheine nach gut und richtig sind.

Es geht bei der Unterscheidung der Geister nicht um Geschmacksfragen. Es geht nicht nur um die Frage, was gefällt oder Ansichtssache ist. Es geht auch nicht nur um die Frage nach persönlicher Einschätzung. Es geht um Tieferes, nämlich um die Unterscheidung von Echtem und Unechtem, von Wahrheit und Lüge, von Original und Fälschung. Corinna Dahlgrün spricht davon, dass es das Heilige zu finden gilt.[75] Dabei spielt in besonderer Weise das erste Gebot eine Rolle.

Eine andere Perspektive bringt Paul Desalaers ins Gespräch, wenn er schreibt, dass es bei der Unterscheidung der Geister um die „Herausdestillierung des unterscheidend Christlichen" gehe. Er schreibt völlig zutreffend: „Die aktuelle Notwendigkeit, das unterscheidend Christliche herauszudestillieren, zu unterscheiden, ergibt sich nicht nur aus der Situation eines weltanschaulichen Pluralismus sowie aus der Vielfalt und Widersprüchlichkeit der Wirklichkeitserfahrungen. Theologie und konkretes kirchliches Glaubensleben zeigen ebenfalls die Notwendigkeit und Dringlichkeit einer solchen Unterscheidung an."[76]

Der Markt an Religiösem ist unübersichtlich geworden. Die Herausdestillierung des unterscheidend Christlichen ist geboten. Dies gilt nicht nur auf dem Markt der Weltanschauungen, sondern auch innerhalb der Kirche selbst. So fragen wir nach dem unterscheidend Christlichen in den vielfältigen Angeboten der Meditation und der Lebenshilfe. Etwa: Ist Yoga christlich? Wie lassen sich christliche und nicht christliche Meditation unterscheiden? Oder ist die Bachblütentherapie okkult? Dies sind nur einige wenige Beispiele, welche die Unterscheidung der verschiedenen Richtungen der Spiritualität betreffen.

Drei Kriterien können uns helfen, die Geister zu unterscheiden und die Axt zu gebrauchen.

a) Kann die Sache vor Gott bestehen?
b) Kommt es aus menschlichen Regungen?
c) Baut es die Gemeinde auf?[77]

In der Anwendung dieser drei Fragen lässt sich das unterscheidend Christliche herausfinden:

Bei der Frage: „Was kann vor Gott bestehen?“, geht es um die Übereinstimmung mit seinem Wort. Was gibt ihm die Ehre? Was entspricht dem ersten Gebot?

Die zweite Unterscheidungshilfe fragt nach dem, was rein menschlichen Motiven und Bedürfnissen entspringt. Denn vieles, was menschlich gesehen richtig erscheint, kann geistlich in die falsche Richtung führen.

Das dritte Kriterium fragt nach dem, was die Gemeinde „erbaut“. Besonders innerhalb des Pietismus spielt dieses eine gewichtige Rolle. So fragten die Väter des Pietismus nach der Liebe, die aufbaut. Stolz und Eigenmächtigkeit dagegen spalten und zerstören die Gemeinde.

Entscheidungen sind zu treffen. Wer Entscheidungen in der Schwebe lässt, auf Dauer keinen Mut zu einem Ja oder einem Nein findet, sich scheut, den entscheidenden Hieb beim Fällen einer Entscheidung anzusetzen, wird sich selbst und auch anderen keinen Gefallen tun. Wo Entscheidungen nicht getroffen werden, nimmt sowohl das äußere wie das innere Chaos zu.

Die Axt ist daher zu gebrauchen. Entscheidungen sind zu treffen. Sie erfordern Mut und Vertrauen. Vor allem bedürfen sie neben reiflicher Prüfung des Vertrauens auf Gott. „Nur wer vertraut, kann sich entscheiden."[78]

9. Den Gottesdienst besuchen

Unbequem und hilfreich zugleich ist das folgende Apophthegma der Wüstenväter: „Da war ein Mönch, den erfassten, als er in den Gottesdienst gehen wollte, Fröstelei und Fieberschauer, und im Kopf spürte er eine Spannung. Da sprach er zu sich: Siehe, ich bin krank, und es kann sein, dass ich sterbe. Ich will mich aufraffen, ehe ich sterbe, und in die Versammlung gehen. Mit diesem Gedanken bezwang er sich selbst und besuchte den Gottesdienst. Als dieser zu Ende war, hörte auch das Fieber auf. Wieder einmal hielt er diesem Gedanken stand und kam in die Versammlung und überwand den Gedanken.“[79]

Gründe, dem Gottesdienst fernzubleiben, gibt es offensichtlich nicht nur für „Normalchristen“. Auch die Zugehörigkeit zu einem Kloster schützt vor dieser Art der Anfechtung nicht. Denn auch die Mönche waren versucht, den Gottesdienst oder die Gebetszeiten zu versäumen. In der Regel des von den Wüstenvätern inspirierten heiligen Benedikt wird es später heißen: „Dem Gottesdienst ist nichts vorzuziehen.“ Benedikt war sogar der Auffassung, dass man beim Läuten der Glocken zu Gebet und Gottesdienst unverzüglich sein Werkzeug aus der Hand legen und seine Arbeit beenden sollte. Warum waren diese Väter und Mütter des Glaubens nur so streng, was den Gottesdienstbesuch anging? Gilt nicht analog zu dem Wort Jesu über den Sabbat, dass der Gottesdienst für den Menschen und nicht der Mensch für den Gottesdienst sei?

Benedikt und auch den Wüstenvätern ging es um mehr als um das sture Einhalten einer Regel. Denn auch hier gilt, dass die Regel dem Menschen dient und nicht umgekehrt der Mensch einer Regel. Was aber ist dann der Sinn einer Regel, die den Gottesdienstbesuch zur Pflicht macht?

Letzteres ist nicht nur im Blick auf das frühere Mönchtum zu fragen, sondern erst recht im Blick auf unsere heutige Situation. In Zeiten, in denen der Sonntag im Wochenende untergeht, in denen zunehmender Individualismus den Gottesdienst maximal als ein Angebot unter vielen ansieht und in denen sich ein Großteil der Gesellschaft längst vom Gottesdienst verabschiedet hat, warum ist es da noch gut, hilfreich und heilsam, den Gottesdienst zu besuchen? Warum ist der Gottesdienst allen anderen Angeboten vorzuziehen? Und warum kann es – wie in dem genannten Beispiel – bisweilen nötig sein, innere und äußere Widerstände zu überwinden?

Der Gottesdienst besitzt einen heilsamen Charakter. Dies gibt uns nicht nur das Beispiel der Wüstenväter zu verstehen, sondern auch die gesamte Tradition. Der Gottesdienst geschieht im Namen des dreieinigen Gottes. Seine Gegenwart aber ist ein Raum der Ruhe. Hier darf ich sein und die Betriebsamkeit der Woche hinter mir lassen. Die eine Stunde Gottesdienst am Sonntagmorgen ist daher grundsätzlich etwas anderes als eine Veranstaltung, die ich besuche. Vielmehr ist es eine Zeit, in der ich mich ganz bewusst in Gottes Gegenwart begebe.

Psalm 84 redet vom Gottesdienst als Quelle und

Kraftort in dürren Zeiten. Im Gottesdienst erfährt der Einzelne: Sein Leben ist von Gott gesehen und gewürdigt. Es ist begnadet und gesegnet. Dankbar darf er sein Leben als Geschenk wahrnehmen. So empfängt sich der Einzelne in jedem Gottesdienst neu. Von Gott her erfährt er Bestätigung über den Sinn und Grund seines Lebens.

Wie heilsam dies in Zeiten globaler Verunsicherung sein kann, hat sich in den letzten Jahren im Zusammenhang der neu erwachten Sehnsucht nach Ritualen gezeigt. Wo die Kirchen Segnungsangebote für Kinder, Jugendliche und Familien, für Trauernde, Kranke, für Menschen in Lebensumbrüchen und vor Neuanfängen anbieten, finden diese in aller Regel großen Zuspruch. Der Gottesdienst dient in unsicheren Zeiten als ein Ort persönlicher Vergewisserung.

Darüber hinaus gilt der Gottesdienst als Kristallisationspunkt jeder christlichen Gemeinschaft. Eine Gemeinde, die sich im Veranstalten von Events, Konzerten und publikumswirksamen Aktionen erschöpft, wird mit der Zeit keinen Bestand haben. Denn es fehlt die Mitte. Die Mitte aber einer christlichen Gemeinschaft ist Christus selbst, der sich im Gottesdienst als sein Leib präsentiert.

Teil dieser Gemeinschaft zu sein, gibt dem Einzelnen nicht nur Wert und Würde. Denn die Gemeinschaft trägt und sie ist heilsam. Im Gottesdienst entsteht ein Gefühl wechselseitiger Verbundenheit und Vertrautheit. Es sind diese Kräfte, die in Zeiten zunehmender persönlicher und globaler Unsicherheiten für seelische Stabilität und Widerstandskraft sorgen.

Freilich hat es der Gottesdienst in unserer postmodernen, von Beliebigkeit und Individualismus geprägten Zeit nicht leicht. Offensichtlich jedoch war dies in früheren Zeiten nicht anders. Die Einreden, Einwände und Ausreden, den Gottesdienst zu versäumen, sind heute wie früher Legion. Doch geht es um die Gesundheit unserer Seele.

So, wie der kranke Körper regelmäßig seiner Arznei bedarf, so auch die Seele. Der regelmäßige Besuch des Gottesdienstes, selbst dann, wenn es bisweilen der Überwindung der eigenen Trägheit bedarf, bewirkt, dass „Leib und Seele" sich freuen, dass Menschen von einer Kraft zur anderen gehen und Segen ihr Leben begleitet.

Anmerkungen

1 Alain Ehrenberg, Das erschöpfte Selbst. Depression und Gesellschaft in der Gegenwart, Frankfurt: Campus Verlag 2004.

2 Elisabeth Lukas/Reinhard Wurzel, Pandemie und Psyche. Wege zur Stärkung der seelischen Immunität, München: Verlag Neue Stadt 2020, 16.

3 Ebd., 49.

4 www.deutschlandfunkkultur.de/einsamkeit-bei-jugendlichen-wie-social-media-und-100.html, zuletzt aufgerufen am 20.02.2023.

5 https://www.unimedizin-mainz.de/presse/pressemitteilungen/aktuellemitteilungen/newsdetail/article/wie-gesund-ist-die-bevoelkerung-zehn-jahre-arbeit-fuer-die-praevention.html, zuletzt aufgerufen am 20.02.2023.

6 Lukas/Wurzel, 50.

7 Lawrence J. Crabb, Connecting. Das Heilungspotential der Gemeinschaft, Basel: Brunnen Verlag 2000.

8 Ebd., 17.

9 Dietrich Bonhoeffer, Gemeinsames Leben, Gießen: Brunnen Verlag 2016, 31.

10 Manfred Seitz, Praxis des Glaubens, Göttingen: Vandenhoeck & Ruprecht 1979, 88.

11 Hans Walter Wolff, Anthropologie des Alten Testaments, 5. Aufl., München: Kaiser 1990, 26.

12 Ebd., 27.

13 Adolf Köberle, Der Sinn des Leibes im Christentum, in: ders., Heilung und Hilfe, Moers: Brendow 1984, 79.

14 Magnus Malm, Abschied von Babel. Wie heilsame Grenzen uns bewahren, Wuppertal: Brockhaus 2002, 135.

15 Schweizer Tagblatt, 18.01.2019.

16 Spektrum Psychologie, Heidelberg 4/21, 29–35.

17 Ebd., 32.

18 Hans-Joachim Eckstein, Du bist ein Wunsch, den Gott sich selbst erfüllt hat, Witten: SCM Collection 2017.

19 Martin Luther, Von der Freiheit eines Christenmenschen (1520), WA 7,12–38.

20 P & S. Magazin für Psychotherapie und Seelsorge. Zukunftsängste, Witten 3/2022, 25.

21 Athanasius, Brief an Marcellinus, in: Hermann-Josef Sieben (Hg.), Ausgestreckt nach dem, was vor mir ist. Geistliche Texte von Origenes bis Johannes Climacus, Trier: Paulinus 1998, 175.

22 Heinrich Bornkamm, Luthers Vorreden zur Bibel, Frankfurt: Insel 1983, 69.

23 Gunda Schneider-Flume, Glaubenserfahrung in den Psalmen. Leben in der Geschichte mit Gott, Göttingen: Vandenhoeck & Ruprecht 1998, 149.

24 Ebd.

25 Manfred Seitz, Einfach vom Glauben reden, Neuendettelsau: Freimund Verlag 2014, 23.

26 Hans-Rudolf Bachmann, Dem Himmel auf der

Spur. Vom Geheimnis des Bibellesens, Seewis: Scesaplana-Verlag 2000, 95.

27 Rudolf Bohren, In der Tiefe der Zisterne. Erfahrungen mit der Schwermut, München: Kaiser 1990, 22ff.

28 Helmut Tacke, Zur Interpretation der Klage in den alttestamentlichen Psalmen, in: ders., Mit den Müden zur rechten Zeit zu reden, Neukirchen-Vluyn: Neukirchener 1989, 229.

29 Vgl. die Merkmale einer Depression, dargestellt bei: Samuel Pfeifer, Die Schwachen tragen. Moderne Psychiatrie und biblische Seelsorge, Basel: Brunnen Verlag 1988, 97ff.

30 Michael Herbst, Beziehungsweise, Neukirchen-Vluyn: Neukirchener Theologie 2012, 444.

31 Rolf Steinhilper, Depression. Herausforderung an die Seelsorge, Stuttgart: Calwer Verlag 1990, 40.

32 Bernd Janowski, Konfliktgespräche mit Gott. Eine Anthropologie der Psalmen, 6. Aufl., Göttingen: Vandenhoeck & Ruprecht 2021.

33 Gerhard Tersteegen, Geistliches Blumengärtlein, Berlin: Contumax 2013, 313.

34 Bohren, 39.

35 Peter Bukowski, Die Bibel ins Gespräch bringen. Erwägungen zu einer Grundfrage der Seelsorge, 2. Aufl., Neukirchen-Vluyn: Neukirchener 1995, 75.

36 Janowski, 39.

37 Ottmar Fuchs, Die Klage als Gebet. Eine theologische Besinnung am Beispiel des Psalms 22, München: Kösel 1984, 359.

38 Helen Heinemann, Warum Burnout nicht vom Job kommt, Asslar: adeo 2012.

39 Manfred Seitz, Seelsorge und geistliches Leben. Persönliche Voraussetzungen zum Üben der Seelsorge, in: ders., Erneuerung der Gemeinde, Göttingen: Vandenhoeck & Ruprecht 1985, 159.

40 Teresa von Ávila, Gesammelte Werke. 8 Bände, Freiburg: Herder 2001–2013, Vida 8,5.

41 John Stott, Vor dir ist Freude die Fülle, Marburg: Francke 1995, 56.

42 Michael Beintker, Rechtfertigung in der neuzeitlichen Lebenswelt, Tübingen: Mohr Siebeck 1998, 23.

43 Peter Zimmerling, Studienbuch Beichte, Göttingen: Vandenhoeck & Ruprecht 2009, 261.

44 Vgl. Piet van Breemen, Erfüllt von Gottes Licht. Eine Spiritualität des Alltags, Würzburg: Echter 1995, 39f.

45 Helmut Lamparter, Das Buch der Psalmen Teil 2, Stuttgart: Calwer Verlag 1958, 15.

46 Lukas/Wurzel, 16.

47 Ebd., 17.

48 Zitiert in: Lamparter, 178.

49 Schneider-Flume, 171.

50 Matta al-Maskin, Die Erfahrung Gottes im Leben des Gebets, 2. Aufl., Beuron: Beuroner Kunstverlag 2019, 149.

51 Ebd., 153.

52 Ebd.

53 Ebd., 157.

54 Manfred Seitz, Wüstenmönche. Menschen, die

den Eindruck machen, dass sie beten, in: Christian Möller (Hg.), Geschichte der Seelsorge in Einzelporträts 1, Göttingen: Vandenhoeck & Ruprecht 1994, 81–111.

55 Silke Harms, Die Bedeutung der Übung für die geistliche Begleitung, in: Dorothea Greiner/Klaus Raschzok/Matthias Rost (Hg.), Geistlich begleiten, Leipzig: Evang. Verlagsanstalt 2011, 136.

56 Ebd., 137.

57 Daniel Hell, Die Sprache der Seele verstehen. Die Weisheit der Wüstenväter, Freiburg: Herder 2002, 32.

58 Zitiert bei Matta al-Maskin, 60.

59 Silke Harms/Anna-Maria aus der Wiesche, „Das christliche Leben ist eine Übung", in: Greiner/Raschzok/Rost (Hg.), 132.

60 Gabriel Bunge, Akedia, Beuron: Beuroner Kunstverlag 2017.

61 Ebd., 78.

62 Ebd., 80.

63 Zitiert nach Bunge, 99.

64 Reinhard Miegel, Hybris. Die überforderte Gesellschaft, 10. Aufl., Berlin: Propyläen 2014.

65 Ebd., 25.

66 Ebd., 26.

67 Anselm Grün, Die Kunst, das rechte Maß zu finden, 2. Aufl., München: Dt. Taschenbuch-Verlag 2015, 10.

68 Bonifaz Miller, Die Weisung der Väter, Trier 2005, AP 602.

69 Miller, AP 298.

70 Fidelis Ruppert, Geistlich kämpfen lernen, Münsterschwarzach: Vier Türme 2014, 61.

71 Gabriel Bunge, Evagrius Pontikus - Briefe aus der Wüste, Beuron: Beuroner Kunstverlag 2013, 224.

72 Zeit online vom 4. September 2016. Ordnung: Wider das Chaos in der Seele | ZEIT ONLINE.

73 Paul Gerlach, Sag mir ein Wort, das heilt. Weisheiten der Wüstenväter, Leipzig: Thomas 2006.

74 Miller, AP 52.

75 Corinna Dahlgrün, Christliche Spiritualität, Berlin: de Gruyter 2009, 388.

76 Paul Deselaers, „Prüft die Geister, ob sie aus Gott sind" (1. Johannes 4,1). Jahrbuch für Biblische Theologie 24 (2011), Neukirchen-Vluyn: Neukirchener Theologie, 341.

77 Manfred Seitz, Heilsame Einsicht, in: Heinz-Dieter Neef (Hg.), Theologie und Gemeinde, Stuttgart: Calwer 2006, 128.

78 Stefan Kiechle, Sich entscheiden, Würzburg: Echter 2004, 76.

79 Miller, AP 311.